완벽한
선택은 없다

PERFECT NA ISHI KETTEI
by Kodai Ando

Copyright 2024 Kodai Ando
Korean translation copyright 2025 by Book21 Publishing Group
All rights reserved.

Original Japanese language edition published by Diamond, Inc.
Korean translation rights arranged with Diamond, Inc.
through BC Agency

완벽한

빠르게, 정확하게, 후회 없이 선택하는 의사결정의 법칙

선택은 없다

안도 고다이 지음 | 김은혜 옮김

망설임을 줄이고 실수를 최소화하는 생각의 기술

decision-making

21세기북스

머리가 좋다고 해서
그 사람이 항상 옳은 것은 아니다

무언가 결정해야 할 때 '**검토하겠습니다**'라고 말하고 자리를 피한 적이 있는가? 있다면 그때 기분은 어땠는지 떠올려 보자. 그저 결정할 용기를 내지 못했던 것일 수도 있고, 아니면 적당히 거절할 말을 떠올리고 있었을지도 모른다. 그래서 우리는 자연스럽게 '검토하겠다'라고 말하게 된다. 이 말이 어떤 형태로 되돌아올 줄 모른 채 말이다.

지금 결정하지 못하는 사람은 10년 후에도 망설이기 마련이다. 우리는 이 책에서 단순히 올바른 의사결정 방법을 배우려는 것이 아니다. 조금 더 본질적인 것, 어떻게 하면 **완벽한 의사결정**에 다다를 수 있을지 살펴볼 것이다.

의사결정이란 무엇이라 생각하는가? 흔히 의사결정이라 하면 '단단한 의지를 갖는 것'이라 생각한다. 하지만 꼭 그런 것만은 아니다. **사실 그 반대에 가깝다.** 의사결정은 돌처럼 단단한 것이 아니다. 오히려 돌보다는 **물에 가깝다고 할 수 있다.** 물은 단단한 얼음이 되었다가, 다시 부드럽게 흐르는 물로 되돌아간다. 그만큼 물은 유연하다. 이런 유연함이야말로 **진정한 의사결정의 모습**이다.

뛰어난 사람은 실수를 인정할 줄 아는 사람이다. 자기 잘못이 아니라며 당당히 우기는 모습은 우수함과 거리가 멀다.

"저는 A안이 더 낫다고 생각합니다. 물론 A안에도 단점이 있고 실패할 가능성도 있습니다. 하지만 그럼에도 저는 A안을 선택하겠습니다."

당신이라면 **이렇게 솔직하고 당당하게 말할 수 있을까?**

사람은 누구나 실수를 한다. 언제나 옳은 사람도 없다. 또 시간이 흐르면서 원래 가지고 있던 생각이 바뀌기도 한다. 이는 매우 자연스러운 일이다. 그런데 왜 과거의 생각에서 벗어나 변화하는 것을 모순적이라고 말할까? 이럴 때 우리에게 필요한 것은 **물처럼 유연한 의사결정**이다.

자기 의견을 꿋꿋이 관철하며 바꾸지 않는 사람은 강해 보인다. 이와 반대로 주변의 의견을 수용하며 자기 의견을 수정해 나가는 사람은 약해 보인다. **하지만 진짜 강한 사람은 바로 이런 유연함을 가진 사람이다.** 이 차이를 깨닫고 본질을 꿰뚫어 본 사람만이 용기 있는 결단을 내릴 수 있다. 이것이야말로 '**완벽한 의사결정**'이다.

우리는 복잡한 현대 사회에서 매일, 매 순간 선택의 기로에 놓인다. 이때 당신을 구할 것은 바로 의사결정의 기술이다. 다시 한번 살펴보겠다고 미뤄 둔 일들이 머릿속을 채우기 시작하면, 다른 일에 집중하기 어려워진다. 결국 아무것도 손에 잡히지 않는 상태가 지속되고, 이는 당신을 조금씩 갉아먹기 시작한다. 여유는 찾아볼 수 없는, 바쁜 일상에 휩쓸려 버린다. 이때 의사결정은 당신에게 여유를 가져다준다.

이를 위해 **상자**가 필요하다. 여기 이 **세 가지 상자**는 당신의 의사결정을 도울 것이다. 상자 속에 고민을 담아 두면 어지러웠던 머릿속이 정리되고 마음도 한결 가벼워진다. 당장 처리해야 할 일에 오롯이 집중할 수 있다. 이 상자를 활용하는 방

즉시 결정   정보 부족   기한 설정

법에 대해서는 뒤에서 다시 다루기로 하자. 누구나 부담 없이 결정을 내리고 누구도 그 결정을 비난하지 않는 세상, 그런 세상을 꿈꾸며 본격적으로 이야기를 시작하겠다.

결정하는 사람이
모든 것을 손에 넣는다

이야기를 시작하기 전에 먼저 내 소개를 하겠다. 나는 '주식회사 식학識學'의 대표 안도 고다이라고 한다. 지금까지 나는 식학이라는 의식 구조학을 활용해 조직 내에서 발생하는 수많은 문제를 해결해 왔다. 식학이란 조직 내에서 오해와 착각이 어떻게 발생하는지, 그것을 해결할 방법은 무엇인지 명확하게 찾아내는 학문이다.

2024년 9월까지, 일본의 약 4,400개의 회사가 식학을 도입했다. 우리는 이 책에서 식학의 시스템을 바탕으로 결정을 내려야 할 순간의 '사고법'에 대해 배울 것이다. 이는 경영자처럼 회사의 이익에 중요한 영향을 미치는 의사결정자에게만 필요한 것이 아니다. 중간 관리직이나 팀의 리더, 더 나아가 미래의 리더를 맡을 실무자들과 젊은 사원들까지, 즉 **누군가와 함께 일하는 사람** 모두에게 도움이 되는 사고법이다.

다음은 '**의사결정 기술**'을 통해 확실하게 성장하는 사람들의 특징이다.

- 자신의 책임에 따라 의사결정을 내린다.
- 결정한 일은 반드시 실행한다.
- 항상 좋은 결과를 내는 것은 물론이며, 만약 좋지 않은 결과를 얻었을 때는 첫 번째 의사결정을 의심하고, 다음 의사결정을 내린다.

위 세 가지는 이 책의 목표이자 당신이 도달해야 할 결승선이다. 이를 지킬 수 있는 사람은 평생, 어떤 일에서든 활약할 수 있다. 이야기했듯이 단단한 얼음과 부드러운 물의 모습을 모두 겸비한 유연한 결정을 **완벽한 의사결정**이라고 정의한다. 겉으로 보기엔 쉬워 보이지만, 실행하기에 얼마나 어려운 일인지 곧 알게 될 것이다.

순간을 포착하라

의사결정을 다루는 책들은 이미 시장에 넘쳐난다. 하지만 대부분 지나치게 이론적이고 실생활에 적용하기 어려운 경우가 많다. 각종 순서도나 엑셀 등을 이용해 수학적으로 상세히 분석하고 의사결정에 활용하는 방법을 제시한 책도 있다. 하지만 실제 비즈니스 현장을 떠올려 보자. 수학적 분석을 이용할 상황이 얼마나 되는가? 아주 드물다. 결정하는 순간은 '순간'이라고 말할 수 있는, **단 한 가지 생각으로 일어나는 행위**다.

의사결정이라는 말이 딱딱하게 느껴져서일까? 우리는 종종 의사결정을 회사나 인생의 운명을 좌우하는 엄청난 결단이라고 생각한다. 하지만 현실에서 극적인 반전은 그리 쉽게 일어나지 않는다. 실제 현장에서는 매일 **사소한 선택이 반복**되고, 이 선택들이 쌓여 큰 변화를 만든다.

예를 들어, 가장 가고 싶은 A 사와 전혀 생각지도 않았던 B 사가 있다고 하자. A 사에 입사해 만족하지만 무난하고, 다소 지루한 10년을 보낼 것인가? 아니면 B 사에 입사해 '여기서 멈출 수는 없어'라며 매일 노력하는 10년을 보낼 것인가? 이 **10년이라는 시간은 돌이킬 수 없는 차이를 만든다.**

중요한 것은 어디에 들어가느냐가 아니라, 매일 어떤 선택을 하느냐이다. 어디를 가든 매일 성장으로 이어지는 선택을 해야 한다. 근육을 키우기 위해서는 매일 운동을 해야 하는 것처럼, 의사결정 역시 현실에서 활용할 수 있을 때 의미를 갖는다. 지금부터 실용적이고, 누구나 배워서 자신의 것을 만들 수 있는 의사결정 방법을 소개하겠다.

앞으로 나아가는 사람, 멈추는 사람

먼저 당신이 의사결정에 대해 어떤 이미지를 가졌는지 파악해 보자.

당신은 놀이공원에 있는 거대한 미로 앞에 서 있다. 들어가자마자 갈림길이 나타난다. 오른쪽으로 갈까? 왼쪽으로 갈까? 벌써 선택의 순간이 찾아왔다. 어떤 사람은 망설임 없이 어느 한 쪽을 선택해 걸어간다. 반면, 어떤 사람은 갈림길 앞에 그대로 멈춰 서서 고민한다. 앞으로 나아가는 사람은 '가 보지 않으면 모르니까'라며 움직인다. 하지만 멈춰 선 사람은 '막다른 길'에 대한 두려움 때문에 발을 떼지 못한다.

누구나 단번에 출구를 찾아 미로를 통과하고 싶어 한다. 막다른 길에 다다르거나 길을 잘못 들어 '되돌아가는 일'은 의미

없고 멋없다고 생각하기 때문이다. 천재적인 감각을 가진 어떤 이들은 '저쪽에서 바람이 불어오네'와 같은 직감으로 한 번에 출구를 찾을지도 모른다. 하지만 대부분의 사람들에게 그런 운은 따르지 않는다.

단 한 번도 막다른 길에 가로막히지 않고 출구를 찾는 사람은 거의 없다. 오른쪽이든 왼쪽이든 선택하고 결정한 다음, 직접 가 보지 않으면 알 수 없다. 이것이 당신이 가장 먼저 깨닫길 바라는 의사결정의 기본 이미지다. 그렇다고 계획도 없이 무작정 움직이라는 뜻은 아니다. 의사결정에는 명확한 논리가 있다.

정답은 하나가 아니다

의사결정 기술은 다양한 상황에서 필요하다. 이는 시간의 흐름과도 맞물려 있다. 예를 들어, 어떤 일을 할지, 어느 회사를 선택할지, 결혼을 할지 아니면 혼자 살지, 집을 살지 아니면 빌릴지, 노후는 어떻게 보낼지 고민하는 것 말이다. 이런 문제에 정답은 하나가 아니다. 별다른 생각 없이 '남들과 똑같이'

선택하던 시대는 지났다. **이제는 항상 선택지가 눈앞에 놓이며, 매 순간 스스로 결정해야 한다.**

"나는 대학을 중퇴하고 시계 장인의 길을 걸을 것이다. 35세 전에는 결혼하고 싶고, 집은 빌려서 살며 노후에도 일을 하면서 살 계획이다."

이 선택에 대해 "정말로 그거면 돼?"라거나 "그게 최선이야?"라는 말을 들을지도 모른다. 또는 계획대로 되지 않을 수도 있다. 하지만 **그 가능성까지 포함해 스스로 결정을 내려야 한다.** 이 사고방식과 의사결정 방법은 평생 유용하게 쓸 수 있다.

과거의 방식에서 벗어나야 한다

과거의 방식은 더 이상 통하지 않는다. '그때는 좋았지'와 같은 과거의 판단은 시간이 흐르고 환경이 바뀌면서 금방 옛것이 된다. 그래서 우리는 그때그때, 그 순간에 한정된 정보 안에서 **최선의 결정**을 내려야 한다. 이 방법은 학교나 부모님에게 배울 수 있는 것이 아니다. 학생일 때는 선생님에게 배운 것이나 교과서를 외워 시험을 보고 좋은 성적을 거두는 것이 우수함이었다. 하지만 지금은 아니다. 시대가 바뀌었다.

전제를 의심하고 새로운 방식을 시도하며 더 나은 프로세스를 시험해 본다. 이런 과정들이 쌓여 큰 성과를 이루는 시대다. 이는 다른 사람이 결정해 준 길이 아니라 스스로 생각하고 의사결정을 해야 한다는 것, 즉 **누군가를 따르는 인생을 살아서는 안 된다**는 의미이기도 하다.

유연함이 부르는 완벽한 의사결정

결정할 수 있는 사람은 오히려 위험을 피할 수 있다. 지금까지 해 온 방법이 통하지 않을 때 **자기 생각으로 새로운 방법을 찾기 때문이다.** 이 능력은 높은 가치가 있는 자산과 같다.

한편 "의사결정이 중요하다"라고 말했을 때, 다음처럼 착각하는 경우가 있다.

'처음에 내린 결정을 끝까지 유지해야 하지 않을까?'

이것이야말로 **보여 주기식 의사결정**이다. 처음에는 합리적인 결정이었을지라도 환경이나 조건이 바뀌면 적용하기 어려워질 수도 있다. 이때 '처음에 그렇게 정했으니까'라며 고집할 것인가? 아니면 '**이번에는 이렇게 해 봐야겠어**'라며 유연한 사고를 바탕으로 다시 결정을 내릴 것인가? 여기서 자신을 바꾸지 못하고 고집과 자존심을 앞세워 바꾸기를 거부한다면, 문제를 직시하고 결정을 수정한 사람과의 격차가 크게 벌어질 것이다.

"계속 같은 일만 하고 싶어."

"지금처럼 현상 유지만 할래."

"다른 사람이 모두 결정해 줬으면 좋겠어."

당신은 이런 타성에 맞설 것인가, 말 것인가. 그림을 그릴 때 '스케치'하는 모습을 떠올려 보자. 처음부터 완벽하게 선을 그리는 사람은 없다. 선을 그렸다가 지우개로 지우는 과정을 반복하며 조금씩 완성해 나간다. 이 모든 과정이 **유연하면서도 당당하게 앞으로 나아가는 것이다.** 처음부터 한 번에 완벽한 그림을 그려야 한다고 생각하는 사람은 붓을 든 채 도화지 앞에 그대로 멈춰 서 있을 수밖에 없다. 완벽한 의사결정은 유연함에서 온다.

결정하지 않는 것의 유혹

사람은 무한한 가능성을 가지고 태어난다. 아주 멋진 일이다. 하지만 가능성을 그저 가지고만 있으면 오히려 **단점이 된다.** 이를 잘 보여 주는 사례가 있다.

"지금 당장 1억 엔을 드립니다. 단, 돈을 받으면 당신은 내일 죽습니다. 그래도 1억 엔을 받겠습니까?"

아마도 아무도 받지 않을 것이다. 왜냐하면 당신의 내일에는 1억 엔 이상의 가치가 있기 때문이다. 이 이야기는 인생에서 중요한 것이 무엇인지 알려 준다. 그리고 내일 무엇을 해야 하는지, 하루하루를 얼마나 소중히 살아가야 하는지를 알려 준다. 그럼에도 많은 사람은 가능성을 가진 채 나태하게, 타성에 젖어 살아간다. 그렇다면 관점을 살짝 바꿔 다음처럼 생각해 보자.

"만약 정말로 1억 엔을 받게 된다면 어떻게 할 것인가?"

아마 많은 사람이 이렇게 대답할 것이다.

"일단 저금할래요."

이 말은 의사결정의 어려움을 그대로 보여 준다. **저축한 돈은 겉보기엔 안정적으로 보여도 사실 아무것도 손에 넣지 않은**

것과 같다. 1억 엔이라는 돈으로 가질 수 있는 다양한 기회와 경험이 있다. 어떻게 사용하느냐에 따라 그 이상의 가치를 만들어 낼 수도 있다. 단순히 저금하는 것은 1억 엔의 가능성을 가지고만 있는 것일 뿐이다. 그것은 의사결정을 하지 않고 그저 '검토하겠습니다'라고 미룬 상태를 이어 가는 것과 같다. 그리고 이 상태는 **유감스럽게도 마음이 편하다.** 결정을 미루고 가능성을 이어 가는 것이 만족감을 주기 때문이다.

이때 논리적인 의사결정의 과정이 필요하다. 그렇지 않으면 **1억 엔을 가지고도 아무것도 하지 못한 채, 나이를 먹고 죽어 갈 뿐이다.** 이러한 감정과의 싸움은 어떻게 다뤄야 할지 뒤에서 더 자세히 다룰 예정이다.

위험만 생각하면 아무 말도 할 수 없다

의사결정을 하지 않으면 가능성만 품은 채 아무것도 할 수 없다. 그런데 다시 생각해 보자. 애초에 의견을 말하는 것도 의사결정이다.

"그 옷, 잘 어울린다."

이 간단한 말조차 상대가 어떻게 받아들일지 모른다. 좋아할지도 모르고, 싫어할지도 모른다. 거기에는 어쨌든 '위험'이 있다. **생각하면 생각할수록 의견을 말하기 어렵다.** 그렇다고 늘 침묵하고 있을 수는 없다. 물론 상대방을 위한 배려는 필요하다. 다만 지나치게 생각하고 침묵해서는 아무것도 만들어 낼 수 없다. 의견을 말할 때처럼 의사를 가져야 한다. 비즈니스에서 중요한 것은 '무엇을 하고 싶은지', '어디에 가고 싶은지'와 같은 최종 목표를 정하는 것이다. **최종 목표를 정하고 부족한 부분을 발견해 그것을 채우는 것이 첫걸음이다.** 우리는 성공 또는 실패를 통해 배우고 반성할 수 있다. 그렇게 한 걸음씩 성장하는 것이다.

의사를 가진다는 것은 제대로 산다는 것

반대로 의사를 갖지 않으면 어떻게 될까? 스스로 결정하지 못하고 모든 결정을 다른 사람에게 부탁해야 한다. 결과를 얻긴 했지만, 왜 좋은 결과가 나왔는지, 왜 실패했는지 반성할 수조차 없다. **자신의 의사가 없기 때문이다.** 애초에 무엇을 하고 싶었는지, 목표가 무엇인지 알지 못하기 때문에 되돌아볼 수도 없다. 그렇게 성장하지 못하는 사회인이 늘고 있다.

의사결정을 하면 일과 인생의 주도권을 잡을 수 있다. 비록 정답이 아니더라도 우선 결정한다. 그래야 앞으로 나아갈 수 있다. 이 사고방식을 모두가 갖길 바란다. **당신이 당신 자신의 인생을 살아가길 바란다.** 그것이 이 책에 담긴 나의 바람이다. 지금 당장 비즈니스에서도 사용할 수 있는 노하우의 목적은 **제대로 살아가는 것**이다.

오해나 착각을 없애는 사고방식

지금까지 이야기해 왔듯 의사결정은 모든 구성원이 공통으로 가져야 할 필수 개념이다. 그동안 나는 실무자를 위한 《수치화의 귀신》, 매니저를 위한 《리더의 가면》, 경영자를 위한 《어쨌든 구조화》 3부작을 썼다. 의사결정을 다룬 이 책은 앞선 3부작을 세로로 관통하는 개념으로 집필했다. 그 뿌리에는 '식학'이라는 의식 구조학이 있다.

식학을 배우면 조직 내의 오해와 착각이 제거된다. 같은 조직에 속해 있어도 사람들이 가진 상식과 규칙은 서로 다르다. 같은 상황을 보고, 같은 말을 들어도 인식의 차이가 생긴다. 예를 들어, '고객을 최우선으로 모시자'라는 말의 정의조차도 사람마다 다르게 해석한다. 해석이 엇갈리면 각자 '좋다'고 생각하는 방향대로 행동하게 되고 서로 어긋나게 된다. **조직 내 충돌의 원인은 바로 여기에 있다.** 이 어긋남을 바로잡는 데는 많은 시간과 노력이 필요하다. 그래서 가능한 한 어긋남이 발생하지 않도록 하는 것이 중요하다.

또 하나는 '사실'에 대한 오해와 착각이다. 세상은 사실대로 흘러간다는 것이 대전제이다. 하지만 사실을 착각하면 어딘가에서 반드시 억지스러움이 생기고, 그 상태는 오래가지 못한다. 예를 들어, 월급은 노동을 제공한 대가로 받는 것이다. 이것이 사실이다. 하지만 거꾸로 월급을 받았으니 노동을 제공해 대가를 지불한다고 착각하는 사람이 많다.

회사에 제대로 공헌하지 않으면서 "월급을 주지 않으면 열심히 하기 싫어"라고 말하는 사람이 있다. 이런 사람이 늘어나면 회사는 오래가지 못한다. 결국 **회사가 망하거나 그 사람이 그만두는 상황이 온다.** 지금이야말로 각자가 의사를 가지고 변해야 할 때다.

이 책을 통해 비즈니스나 조직에 만연해 있는 오해나 착각을 없애고 의사결정의 중요성을 배우길 바란다. 아마 내가 출간한 책들을 읽은 독자라면 이 책의 메시지가 더 깊이 와닿을 것이다.

자, 이제 시작한다.

안도 고다이

왜 결정은 두려울까?
찬반양론이라는 마인드셋

3장 # 자신이 결정하지 않는 성역
정보의 노이즈

서장

왜 결정은
두려울까?

찬반양론이라는 마인드셋

세상에서 가장 쉬운 의사결정이 있다.
바로 타인의 연애 상담이다.
"좋아하는 사람이 있는데요. 고백하는 게 나을까요?"
이런 연애 상담을 듣고 "하지 말아요"라고 답하는 사람은 거의 없다.
대부분 "고백해 봐요"라고 답한다.
어디까지나 남의 일이기 때문이다.

자신이 결정한다는 것

누구나 훌륭한 판단을 내리고 싶어 한다. 눈앞에 놓인 선택지 중 현명한 해답을 선택하고 싶은 욕구가 있다. 그런데 단호한 결정은 양날의 검이 되기도 한다. 사람들은 **누구나 잘못된 선택을 두려워하기 때문이다.** 그에 반해 타인의 문제에 참견하는 일은 놀라울 정도로 쉽다.

"이 제안서, 어떻게 생각하세요?" 동료에게 이런 질문을 받으면 우리는 생각한 대로 편하게 의견을 내놓는다.

"요점만 분명하게 전달했으면 좋겠어요."

"감정에 호소하는 편이 더 효과적일지도요."

"조금 더 구체적인 사례를 넣으면 좋을 것 같아요."

말은 참 쉽다. 이보다 쉬운 일이 또 있을까 싶을 정도다. 그런데 내가 제안서를 작성해야 하거나 제안하는 입장이 되면, 선택하고 결정하는 일이 왜 이렇게 어려운 걸까?

이 문제에 대해 이야기해 보자.

찬반양론의 딜레마

왜 우리는 자신의 결정을 두려워할까? 이것은 **대부분의 일에 찬반양론이 존재하기** 때문이다. 예를 들어, 회사에 흡연 구역을 남겨 둘지 아니면 없앨지 결정해야 한다고 생각해 보자.

요즘 사회의 풍조는 '없애야 한다'라는 쪽으로 기울어 있다. 하지만 흡연자가 한 사람이라도 있다면 다음과 같은 의견이 나올 것이다.

"흡연 구역은 동료들끼리 잡담을 나누는 귀중한 공간이다. 직원 간 활발한 소통을 위해서라도 남겨 두어야 한다."

그럴듯한 의견이다. 여기에 다양성을 고려하고 소수파의 의견을 존중하는 경향을 따른다면, 흡연자를 위해 흡연 구역을 남긴다는 결정을 내리게 될 것이다.

만약 소수파의 의견을 무시하고 흡연 구역을 없앤다는 결정을 내린다면 그것은 독재일까? 아마도 그렇지는 않을 것이다.

하지만 결정할 주제가 달라지는 순간 강한 거부감이 생긴다.

'재택근무를 없애고 출근을 의무화할 것인가?'

'전 직원의 월급을 일률적으로 올릴 것인가?'

'회사에 직장 어린이집을 만들 것인가?'

이처럼 논란이 생길 수 있는 다양한 문제가 조직에서 계속 등장할 것이다.

모든 결정에는 반대가 따른다

살아가면서 반드시 기억해야 할 대전제가 있다. **'모든 일에는 찬반양론이 있다'**라는 것이다. 어떤 결정을 내리든 당신의 결단에는 반드시 부정적인 의견이 따른다. 반드시 말이다. 그러니 부정적인 의견이 나오는 것을 당연하게 받아들이는 편이 좋다. 인간관계를 예로 들어 생각해 보자. 본래 가치관이 비슷한 사람들끼리 자연스럽게 관계를 형성하고 친구가 된다. 그런데 당신이 좋아하는 모든 것을 친구도 똑같이 좋아할 수 있을까? 그것은 불가능하다. **서로의 가치관이 다른 부분을 받아들이고 인정해야 관계를 이어 갈 수 있다.**

"각자의 이상형이 완전히 달라."

"가구를 고르는 취향이 하나도 맞지 않아."

"내기를 좋아하는 부분만큼은 이해할 수 없어."

서로 **다른 점**을 명쾌하게 인정할 수 있는 사람은 **완벽한 의사결정**의 사고방식을 쉽게 받아들일 수 있다.

제로백으로 생각하는 사람

어쩌면 가치관 하나의 차이로 "더는 내 친구가 아니야", "배신당한 기분이야"라고 말하는 사람이 있을지도 모른다. 이른바 **0 아니면 100만 인정하는 제로백 사고방식**을 가진 사람이다. 이렇게 융통성이 부족한 사람은 완벽한 의사결정을 이해하는 데시간이 걸린다. 사고방식을 바꿔야 한다. 만약 당신이 완벽한 의사결정의 사고방식을 쉽게 받아들이는 사람이라면 서장을 건너뛰어도 괜찮다. 그렇지 않다면 이어서 읽길 바란다.

상황을 보고 태도를
결정하는 사람들

우선 찬반양론의 반대 시점부터 살펴보자. 왜 '반대'가 존재할까? 이유는 간단하다. **사람은 불평하는 동물**이기 때문이다. 남의 일에 이래라저래라 말하고 싶어 하는, 그런 동물이다. 그리고 안타깝게도 어떤 일에든 장점과 단점이 공존한다.

불합리한 선택지

친구와 둘이서 밥을 먹으러 가는 상황을 생각해 보자.

"일식과 양식 중에 뭘 먹을래?" 친구의 질문에 당신은 일식을 선택했다. 그런데 생선이 신선하지 않았다. 그러자 친구가

"**양식 먹을 걸 그랬다**"라고 말한다. 반대로 양식을 선택했는데 양념이 짜서 먹기가 부담스러웠다. 그러자 친구가 "**일식 먹을 걸 그랬다**"라고 말한다. 당신이라면 어떤 기분이 들까? 분명 화가 나고 이 상황이 불합리하다고 생각할 것이다. 그렇다면 어느 쪽을 선택하는 것이 정답일까? 사실은 둘 다 정답이다. 그리고 진짜 정답은 **그 사람의 불평을 신경 쓰지 않는 것**이다. 두 사람 이상이 모이면 그 순간부터 모임은 조직이 된다. 누군가는 의사결정자가 되며, 그 외의 사람은 얼마든지 불평을 늘어놓는 사람이 된다. 이 현실에서 벗어날 수 없다.

남을 탓하는 사람이 되어서는 안 된다

결정은 나머지 선택지를 버리는 일이다. 무언가를 선택하면, **선택한 쪽에 단점도 포함되어 있음을 알아야 한다. 또 버린 쪽에 장점이 포함되어 있음도 깨달아야 한다.** 지극히 당연한 일이다. 우리는 **결정할 때의 고통**을 이해하는 사람이 되어야 한다.

앞의 식사 이야기를 떠올려 보자. **결정을 맡긴 사람은 남을 탓할 자격이 없다.**

"역시 일식 먹을 걸 그랬어"라고 후회할 수 있는 이는 결정한 사람이며, "이 가게에 다시 방문하지 않을 거야"라고 배우면 된다. **결정한 사람을 탓하지 않아야** 한다. 그리고 이러한 사고방식을 당연하다고 생각하는 사람을 동료로 삼아야 한다. 조직에 있는 모든 사람이 이 사고방식을 자연스럽게 공감해야 누구나 도전할 수 있는 조직이 된다. 그래야 조직 내에서 실패를 두려워하지 않게 된다.

결정한 사람을 존중한다는 원칙

많은 조직에서 결정한 사람에게 "이렇게 했었어야 하는데"라며 불평을 늘어놓는다. 즉 **상황을 보고 태도를 결정**한다. 여기서 기억해야 할 또 하나의 대전제가 있다. 바로 '**결정한 사람을 언제든지 존중할 것**'이다. "**도전한 사람이 대단하다**", "**실패한 사람도 훌륭하다**"라고 말할 수 있어야 한다. 상황을 보고 태도를 결정하는 사람은 신경 쓰지 않는다. 누가 되었든 지금의 환경을 선택한 사람은 자기 자신이다. 환경과 상황은 거기에 맞춰주어졌을 뿐이다. 그 상황에 불평불만을 늘어놓는다고 해서 달라지는 것은 없다. 이후부터는 스스로 결정해야만 한다. 어떤 사람들은 '두 가지 선택의 불합리함'을 견디지 못하기도 한다. 그래서 불평만을 늘어놓게 된다. 그 이유는 무엇일까?

불평은 이렇게 늘어난다

조직 안에서 불평을 늘어놓는 사람이 있다고 하자. '단 한 명 뿐'이라면 큰 문제가 되지 않는다. 하지만 **불평은 전염된다.**

세상에는 100퍼센트 확신할 수 없는 일들뿐이다. 예를 들어, 어떤 프로젝트가 실패했다고 하자. 그 책임은 팀장인 A가 져야 한다. 다만 그 프로젝트의 팀원 각자도 자신이 맡은 책임에 대한 실패 요인을 되돌아봐야 한다. 그런데 팀원 B가 이렇게 말했다.

"이 프로젝트가 실패한 원인은 A 팀장의 판단 실수 때문입니다."

이 한마디에 팀원 B와 친하게 지내던 동료들이 동조하기 시작한다. 심지어 내부 사정을 잘 모르는 타 부서의 사람도 "B가 그러던데 A 팀장 때문이래"라며 소문을 퍼뜨린다. 이렇게 팀원 B의 불평이 퍼져 점점 이에 동조하는 동료가 늘어난다. 여기서 문제는 B 자신은 **어떠한 성장도 못 하고, 이득도 얻지 못한다**는 점이다. 단순히 자신의 의견에 동의하고 지지해 주는 사람이 있다는 것에 안도할 뿐이다. 이후 새로운 프로젝트를 담당하게 되어도 실패할 가능성이 높다. 게다가 B는 자신을 **피해자**로 생각하기에, 자신의 책임에 대해서도 개선해야 할 부분을 전혀 찾아내지 못한다.

어쩌면 B는 A 팀장에게 "이 방법으로는 성공할 수 없습니다"라는 의견을 냈었을지도 모른다. 이 경우에 대해서는 다음 주제에서 살펴보겠다. 다만 이것과는 별개로 불평하는 사람끼리 서로 할퀴는 것은 아주 무서운 일이다. **아무것도 만들어 낼 수 없고, 성장 또한 멈춰 버린다.** 그러니 불평만 늘어놓지 말아야 하며, 그런 사람들과는 의식적으로 거리를 두어야 한다.

검토하겠다 말하는 것은
솔직한 거절보다 부끄러운 일

앞서 이야기한 사례에서 팀장 A의 시점을 살펴보자. B가 불평만 늘어놓았다면 무시하면 된다. 하지만 문제는 B가 사전에 정보를 공유하며 "이대로면 프로젝트가 실패합니다"라고 이야기한 경우다. 이 경우 **근거가 되는 정보를 요청하는 것**이 중요하다. B의 주장에 근거가 있다면, 먼저 검토한 후 의사결정을 내려야 한다. 만약 이런 과정을 거쳤다면 일방적으로 불평을 듣는 일은 없었을 것이다.

또 다른 가능성도 있다. 바로 B가 결정적인 정보를 제시했음에도 불구하고 그것을 무시한 경우다. 이 경우에는 A가 반성해야 한다. 그도 그럴 것이, 사람은 자신에게 **유리한 의견만**

모으는 습성이 있기 때문이다. 주변에 예스맨만 두고, "아니요"라고 말하는 사람을 멀리하고 싶어 한다. 하지만 **주변에 예스맨만 둔다고 해서 자신의 의견이 항상 옳게 되는 것은 아니다.** 결과를 내기 위해서는 자신에게 불리한 의견에도 귀를 기울일 줄 알아야 한다.

쓸데없는 일 vs. 진정 필요한 일

"쓸데없는 일은 하지 않는 게 좋아."

아마 조직에서 자주 듣는 말일 것이다. 이런 생각은 수많은 착각을 낳는다. 하지 않아도 되는 일은 분명히 있다. 다만 **모든 일에 쓸데없는 짓 하지 말라고 해서는 안 된다.** 사람은 본능적으로 현상 유지를 좋아한다. 아무리 작은 변화라도 예전이 좋았다고 느낀다. 이것은 자주 사용하던 상품이 개선되어 출시되었을 때, 이전 상품을 떠올리며 '예전이 더 좋았다'라고 생각하는 것과 같다. 그 이유는 단 한 가지다. **지금까지 계속 그래 왔으니까.** 하지만 이 감정을 의심해야 한다.

정말로 쓸데없는 일은 당연히 해서는 안 된다. 다만 정말로 쓸데없는 일인지 검토해 볼 필요가 있다. 이 내용은 1장 이후에 자세히 소개할 것이다. 중요한 것은 그것을 결정하는 사람이 의사결정자라는 사실이다.

명확한 근거를 가지고 쓸데없는 일은 하지 말라고 말하는가? 아니면 단지 바꾸고 싶지 않아서 그렇게 말하는가? 이 두 가지를 헷갈려서는 안 된다. 타성에 젖어 막연히 반대 의견을 내는 것은 아닌지 확인해야 한다.

기회 손실의 함정

조직에서 자주 듣는 불만 중 하나는 **전례가 없다는 이유로 반려되었다**는 말이다. 예를 들어 보자. 경영자는 모든 권한을 갖고 있다. 신규 사업을 진행해 다음 사업의 기반을 마련한다거나, 방송에 출연해 인지도를 넓힌다거나, 인수 합병을 통해 회사를 키우는 등 중요한 의사결정을 할 수 있다. 이는 경영자에게 회사가 지향하는 거대한 방향성을 결정할 권한이 있기 때문이다.

반대로 말하면 경영자는 아무것도 하지 않아도 된다. 이미 어느 정도 체계가 잡혀 있는 회사라면, 신사업을 진행하지 않아도 괜찮다. 경영자가 중요한 의사결정을 내리지 않아도 현상 유지할 수 있기 때문이다. 만약 경영자가 아무것도 하지 않겠다고 결단을 내린다면, 그는 변화 대신 현상 유지를 택해서 일을 크게 벌이고 싶지 않은 것이다. 하지만 많은 회사가 그렇게 하지 않는다. 회사는 살아남기 위해 다양한 정책을 마련하고 의사결정을 통해 성공과 실패를 모두 경험해야 한다. **최종 책임자인 사장이 결정하지 않는 건 그의 권한을 행사하지 않는 것이다.**

이런 일은 현장에서도 일어난다. 예를 들어, 팀원이 의사결정을 요구할 때 계속 보류하는 것이다. 결정을 내리지 않음으로써 의사결정자의 책임을 회피할 수 있다고 착각한다. 하지만 보류라는 선택은 정체나 미래의 손실을 초래하고, 이는 결정하지 않는 데에 따른 '**기회 손실**'로 연결된다.

검토하겠다는 말이나 보류하겠다는 말은 우리가 마치 아무것도 잃지 않은, 0의 상태인 것으로 착각하게 만든다. 하지만 **보이지 않는 비용은 확실히 발생한다.** 즉 0이 아닌 마이너스 상태라는 점을 잊어서는 안 된다.

가능성을 검토한다는 말의 의미

"만약 그것을 실행할 경우 어떤 성과로 이어집니까?"

가능성을 검토하는 것은 좋다. 다만 실제로 아무것도 하지 않는, 말뿐인 검토는 지양해야 한다. '검토'라는 말은 상대가 스스로 포기하기를 바랄 때 또는 에둘러 거절할 때 사용한다. 검토한다는 뜻인 영어 단어 'consider'는 정말로 신중하게 의논하는 것을 의미한다. **싫으면 싫다고 정확하게 말해야 한다.** 사실은 마음에 들지 않고 의견에 반대하면서, 그저 다시 검토하겠다는 말로 헛된 기대감을 심어 주는 것은 솔직하게 거절하는 것보다 더 부끄러운 일이다.

의사결정을
시뮬레이션해 보기

의사결정을 미뤄 보이지 않는 비용이 발생하는 상황은 피해야 한다. 완벽한 의사결정을 위해 다음 세 가지 상황을 살펴보자.

① 실행해서 성공했다.
② 실행해서 실패했다.
③ 아무것도 하지 않고 현상 유지했다.

이 중 가장 좋은 선택은 ①번이다. 문제는 ②번과 ③번인데, 언뜻 보기에는 실패한 ②번이 가장 좋지 않은 선택처럼 보인다. ③번은 의식하지 않으면 지나칠 수 있는 영역이다. 하지만 ②번은 ③번에 비해 더 나은 평가를 받을 수 있는 선택지다. 실패를 통해 개선책을 생각하는 것까지 하나의 세트이기 때문이다. 혹은 주체적으로 ③번을 선택했다면, 그건 그것대로 하나의 의사결정이므로 괜찮다. "그건 하지 않겠습니다"라고 확실하게 거절하는 것도 의사결정의 하나다. 가장 좋지 않은 것은 의사를 표시하지 않은 채 시간만 끌다가 ③번을 선택할 때이다. 이런 상황은 만들지 않아야 한다.

의사결정이 흔들리는 순간

당신의 회사는 X라는 상품을 취급하고 있으며, 매출 확대를 목표로 신제품 Y를 판매할 예정이다. 판매 결정이 난 후, 회사는 직원들에게 신제품을 공부하라는 요구를 한다. 하지만 현장에서는 기존대로 X 상품만 다루는 것이 훨씬 편하다. 이렇게 새로운 일을 시작할 때는 항상 현장에서 불만의 목소리가 터져 나온다.

"그럴 여유가 없습니다."

"새로운 상품이 잘 팔리리라 생각하지 않습니다."

"지금까지 하던 대로가 괜찮지 않을까요?"

이런 부정적인 의견이 나오고, 의사결정한 사람도 흔들리기 시작한다.

- 신제품 Y를 판매해야 더욱 큰 매출을 기대할 수 있다.
- 그로 인해 실무자의 부담이 크게 증가한다.

이 두 가지 생각 때문에 의사결정이 흔들리는 것이다. 이때 의사결정자는 **자신의 평가가 어디서 이루어지는지**를 기준으로 삼길 바란다. 자세한 내용은 뒤에서 설명하겠지만, **당신을 평가하는 사람은 외부에 있다.**

예상과 현실을 마주하기

의사결정을 내릴 때에는 신제품 Y를 판매했을 때 얼마만큼의 매출 상승을 기대할 수 있는지 계산해야 한다.

- 상품 X만 판매 시 예상 매출액은 얼마인가?
- 신제품 Y 판매 시 예상 매출액은 얼마이며, 그로 인한 X의 예상 매출 감소액은 얼마인가?

예측을 바탕으로 신제품 Y를 출시하기로 했다면 신제품에 대해 조사하고 공부하라는 말을 해야 한다. 이후 예상한 것과 결과가 달라 "신제품 Y의 판매를 중단하겠습니다"라는 말을 해야 한다 해도 당당하게 전달해야 한다. 물론 신제품 출시의 부담이 너무 크고 기존 업무에 과도한 영향을 미칠 것 같다면, 재검토할 여지는 있다.

- **신제품 Y의 판매로 X의 매출액이 절반 이하로 감소했다.**

만약 신제품 출시 이후 단점이 눈에 띌 정도라면 신제품 판매를 다시 고려해야 한다. 하지만 **다소 부담이 될 뿐, 관리가 가능한 정도라면 당당하게 전달하도록 한다.** 기업이 시장에서 경쟁하는 한, 계속해서 변화하지 않으면 살아남지 못한다. 그러니 의사결정자는 그 책임을 맡아야만 한다.

성장하고 싶다는 마음

가장 이상적인 상황은 현장에서 '새로운 일을 하고 싶다'라는 목소리가 나오는 것이다. 다만 거기에는 어디까지나 개인차가 있다. 겉으로 드러나는 성장을 추구하는 사람은 성장하고자 하는 의지가 있는 것처럼 보인다. 하지만 성장 의욕을 드러내지 않는 사람도 **마음속 깊은 곳에서는 성장을 바라고 있을 것이**다. 실제로 실행한 이후에 **"해 보길 잘했어요"**라며 자신에게 성장 욕구가 있었다는 것을 깨닫는다. 그러니 일단은 신제품 Y의 성공을 믿고 실행한다. 이익이 발생하면 누구나 해 보길 잘했다고 생각할 것이다. 만약 결과가 예상과 다르다면 다음과 같이 **멈춰야 할 선**을 정해 두었다가 다시 의사결정을 한다.

- 1년 후 Y의 매출액이 '월 50만 엔 미만'일 경우 판매 중단한다.

현장의 목소리와 의사결정

지금까지 한 이야기는 현장의 목소리를 무시하라는 뜻이 아니다. 예를 들어, '신제품 Y를 판매하기 위해서는 현장 실무자가 6개월 이내에 자격을 취득해야 하며, 비용이 많이 든다'라는 정보가 공유되었다고 하자. 이러한 부담에 대해 다음과 같은 검토가 필요하다.

- 얼마만큼의 시간이 필요한가?
- 어느 정도의 추가 업무가 발생하는가?
- 기존 제품 매출에 미치는 부정적인 영향은 어느 정도인가?

이는 현장의 권한으로 반드시 공유해야 할 정보다. 이러한 사실을 바탕으로 의사결정자는 **인력 충원, 업무 개편** 등 새로운 의사결정을 내려야 한다. 이렇게 정보를 위아래로 주고받는, 상향식bottom up, 하향식top down 의사결정 과정을 반복하여 결정을 내려야 한다.

가장 좋지 않은 것은 **현장의 부담을 지나치게 고려한 나머지, 6개월 후 혹은 1년 후의 매출 확대 기회를 놓치는 일이다.** 힘들거나 귀찮다는 감정적인 불만의 목소리에 휘둘려서는 안 된다. 성장에는 어느 정도의 부담이 늘 따르기 마련이다. 의사결정은 다른 사람의 눈치를 보면서 내리는 것이 아니다.

선택지를 남겨
두었을 때의 안도감

의사결정을 한다는 것은 **결론을 내린다**는 의미다. 앞서 찬반양론에 대해 이야기했듯이, 세상에는 수많은 회색지대가 존재한다. 이미 알다시피 모든 상황을 흑과 백으로 명확히 구분할 수 없다. 그래도 우리는 결론을 내려야 한다.

연애를 예로 들어 보자. 연애 초반에는 서로에 대한 감정이 깊지 않은 가벼운 관계일 수도 있다. 그런데 시간이 흘러 어느 순간이 오면, 결혼을 할지 말지 결론을 내려야 한다. 결론을 내리지 않으면 서로의 미래를 생각할 수 없기 때문이다. 이것과 같은 이치다.

선택하는 위치일 때의 우월감

앞서 이야기했듯이 결정하지 않은 상태가 가장 **편하다**. 취업 준비 중 열 곳이 넘는 대기업에서 합격 통보를 받았다고 상상해 보자. 분명 기분 좋은 일이다. "내 마음대로 고르면 되잖아. 어느 회사에 들어갈까?" 선택하는 입장이 되면 일종의 우월감이 생긴다. 이는 마치 허기진 상태로 뷔페에 들어갔을 때 모든 음식을 다 먹을 수 있다고 생각하는 심리 상태와 같다. 그 순간에는 기분이 좋지만, 곧 현실을 마주하게 된다. 단 한 곳에만 입사할 수 있고, 배를 채울 위도 하나뿐이다. **결정의 순간이 찾아온다.**

결정을 미루고 느끼는 안도감의 함정

사람들 대부분은 결정을 최대한 미루려고 한다. 그 상태를 가장 편하게 생각하기 때문이다. 하지만 그 감정은 **착각**이다.

생각해 보자. 아무 생각 없이 집안의 물건을 정리하지 않고 지내면 집안에는 물건이 넘치게 된다. 무언가를 새로 들이면 기존 물건을 버리거나 정리해야 하는데, 쉽지 않다. 나중에 필요할지도 모른다고 생각하기 때문이다. 여기서도 보이지 않는 비용이 발생한다. 물건으로 가득 찬 집안, 갉아 먹히는 마음이 그

것이다. 이런 일을 막으려면 다음과 같은 원칙을 세워야 한다.

"나중에 필요할 수도 있겠지만, 최근 1년 동안 사용한 적이 없으니까 버려야겠어."

앞서 이야기한 문제도 마찬가지다. 입사할 회사를 결정하지 않고 계속 미루면 다른 회사에 거절 통보를 하는 것도 점점 더 어려워진다. 죄책감과 후회는 더욱 커지고, 의사결정은 더 힘들어진다. 그러니 빠르게 검토하고, 단호하게 선택하고, 다음 단계로 넘어가야 한다. **뒤로 미루는 안도감에서 벗어나자.**

아무리 많은 무기를 가지고 있어도 전쟁터에 들고 갈 수 있는 건 기껏해야 한두 가지다. **그리고 결국 사용하는 건 주무기 하나뿐이다.** 많은 무기, 즉 선택지를 붙들고 있어 봐야 잠깐의 안도감만 느낄 뿐이다.

완벽한 의사결정을 위한 사고방식

① 모든 일에는 찬반양론이 있다.

→ 결단에는 반드시 부정적인 의견이 나온다.

② 결정한 사람을 존중한다.

→ 상황을 보고 태도를 결정하는 사람은 무시한다.

③ 사람은 현상 유지를 좋아한다.

→ 아무리 작은 변화라도 예전이 더 나았다는 생각을 의심한다.

④ 검토하겠다고 하면서 아무것도 하지 않는다.

→ 사실은 동의하지 않으면서 상대방을 기대하게 만드는 것은 솔직하게 거절하는 것보다 더 부끄러운 일이다.

⑤ 결정하지 않는 상태가 편안하다.

→ 반드시 결정해야 하는 순간이 온다. 뒤로 미루는 안도감에서 벗어나자.

이 다섯 가지를 기억하며 일단 마음가짐을 바꿔 보자.

우리는 왜 타인의 연애 문제에 쉽게 조언할까? 책임이 없고 감정이 분리되어 있기 때문이다. 이것이 의사결정의 중요 포인트다.

"어떻게 하면 책임을 질 수 있을까?"

"어떻게 하면 감정을 분리할 수 있을까?"

좋은 결정을 내리려면 책임지는 방법과 감정을 분리하는 방법을 파악해야 한다. 이를 위해 앞으로 각 장에서 다룰 내용을 간단히 소개하겠다.

- 1장: 적극적으로 수정하고, 이를 당연하게 생각한다.
→ 일관성 없는 변덕스러운 태도를 두려워하지 말고 '의사결정의 세 가지 상자'에 넣는다.

- 2장: 문제의 해상도를 높인다.
→ 또래 압력에 휘둘리지 말고 반대 의견을 받아들인다.

- 3장: 정보의 노이즈를 제거한다.
→ 자신이 결정하지 않는 성역을 만든다.

- 4장: 마지막에는 용기를 내서 결정한다.
→ 불확실성을 인식해 의사결정을 내린다.

이것으로 모든 준비는 끝났다. 이제 순서대로 배워 보자.

1장

올바른 의사결정 이라는 착각

적극적인 수정

당신에게 무작위로 카드가 주어졌다.
손에 쥔 카드를 본다.
그 카드에 불만을 가질 것인가?
아니면 일단 받은 다음, 최후의 한 방을 날릴 것인가?
이 순간이야말로 답보하는 사람과 성장하는 사람의 갈림길이다.

의사를 가질 것인가, 반응하기만 할 것인가?

인생은 운으로 결정되는 것일까? 아니면 노력으로 결정되는 것일까? 운이라고 생각하면 결과가 좋지 않을 때 남이나 환경을 탓하게 된다. 노력이라고 생각하면 100퍼센트 자기 책임으로 돌리게 된다. 운과 노력이 각각 절반씩 작용한다고 생각하면 깔끔해진다.

가설을 세우다

예를 들어, 객관식 100문항으로 이루어진 100점 만점의 시험이 있다고 가정해 보자. 적당히 답을 채우기만 해도 평균 25점은 받을 수 있다. 거기에 노력해서 공부하면 50점, 60점, 70점까지도 받을 수 있다. 열심히 공부해서 90점까지 받을 수 있는 수준이 되었다고 해 보자. 그런데 너무 어려워서 감으로 찍을 수밖에 없는 문제가 몇 개 남았다. 누구나 노력을 한다면 어느 정도의 수준까지는 올라갈 수 있다. 하지만 **마지막의 마지막에는 감에 의지해야 하는 부분이 남는다.** 이 마지막 10점을 위해 시간을 지나치게 쏟을 필요가 있을까? 가장 중요한 것은 무엇보다 빨리 결정해서 행동하고, 실패하면 수정하는 것이다. 그렇다고 아무 답이나 쓰라는 것은 아니다. **가설을 세우고, 정해진 시간 안에서 논리적으로 생각하며 하나씩 해결해 나가야 한다.**

만약 당신이라면 모르는 문제가 나왔을 때, 어떻게 할 것인가?

다음 중 목표와 주요 결과를 나타내며, 목표를 달성하는 관리 방법을 이르는 말은 무엇인가?

① KPI　　　　② USJ　　　　③ OKR　　　　④ PDF

이 문제를 어떤 순서로 풀 것인가? 우선 확실하게 틀린 답인 ② USJ(유니버설 스튜디오 재팬, 오사카에 있는 놀이공원)와 ④ PDF(전자 문서의 한 형식)를 지운다. 그러면 답은 두 개의 보기로

좁혀진다. 그다음 "우리 회사의 관리 방법은 'KPI'인데, 그 방법에 관한 설명이 아니니 ③번이겠지"라며 가설을 세운다. 이 과정을 통해 다음번에는 똑같은 실수를 반복하지 않게 된다. 참고로 정답은 ③번이다.

가설과 검증을 통한 의사결정 과정

하지만 조직에서의 일은 시험이 아니다. 깔끔하게 정답이 나오는 것도 아니다. 다만 진행 방식은 시험과 매우 비슷하다. 기본적으로 일도 합리성을 따져 판단한다. 하지만 마지막 순간에는 감으로 결정해야 하는 부분이 남는다. 이런 과정이 반복되는 것이 바로 일이다.

앞서 살펴본 문제에서 두 개의 보기를 지우고, 가설을 세운 다음 마지막에 감으로 선택했다. 이 가설의 정답 여부는 시험 후에 검증할 필요가 있다. 이른바 'PDCAPlan-Do-Check-Act'의 'C(검증)'이다. 이렇게 가설을 세우고 검증하는 과정을 거치면 성공적인 선택으로 연결할 수 있다.

의사를 가진다는 것은 가설을 세워 어느 한쪽을 선택한다는 의미다. 만약 가설을 세우지 않았다면, 그것은 상황에 **반응한 것일 뿐**이다. 미로를 예로 들면, 오른쪽을 선택했던 그 장소로 돌아가 아무 생각 없이 다시 왼쪽을 선택하는 것이다. 가설을 세우지 않으면 어디로 돌아가서 그다음에는 무엇을 선택해야 할지 알 수 없다. 가설이 있어야 비로소 의사결정이 성립된다. **시험에서 모르는 문제를 빈칸으로 제출해서는 안 된다.** 일도 마찬가지다. 가설을 세우고, 선택하고, 검증하는 과정을 반복해야 한다는 점을 기억해 두자.

실수와 변덕을 통한 성장

의사결정을 한 후에는 검증을 해야 같은 실수를 반복하지 않는다. 한 번 결정한 일을 그대로 이어 가기만 하면 **거짓 의사결정**을 한 것과 같다. 그 이유를 살펴보자.

실패와 실수를 인정하는 용기

실수하거나 실패했을 때, 반사적으로 이런 감정이 든다.

"실수를 들키고 싶지 않아."

"실패하지 않은 것처럼 행동하고 싶어."

"신뢰를 잃겠지?"

성실한 사람, 뛰어난 사람, 완벽주의자일수록 실수를 숨기고 싶어 한다. 이런 감정들은 아마도 생물학적인 본능일지도 모른다. 그렇다면 **시스템**으로 해결할 수밖에 없다. 가설을 세우고 검증한 후, 실패를 인정하고 수정한다. 이때 **개인을 탓하지 않는 환경**이 필요하다. 만약 누군가 과거에 결정한, 이름만 그럴싸한 규칙이 있다면 그것을 깨뜨릴 필요가 있다. 과거의 자신이 결정한 내용으로 실패했다면 재검토해야 한다. 완벽한 의사결정이란 변화에 대응하는 것을 전제로 한다. 그러니 **일관성 없고 변덕스러운 태도**라는 말을 들어도 당연하게 받아들여야 한다. 앞서 한 결정을 취소하겠다는 말을 당당하게 하길 바란다.

"과거의 규칙은 없애겠습니다."

"제가 했던 방식은 실패했습니다."

특히 리더는 이러한 말을 당당하게 해야 한다. 이 말을 들은 사람도 받아들일 줄 알아야 한다. 눈에 띄는 실패를 경험하지 못했다는 것은 중요한 의사결정을 내려 본 적이 없다는 뜻이기도 하다.

무관용의 함정

온라인상에서는 종종 누군가의 과거 발언이 드러나 논란이 생기기도 한다.

"그런 말, 지금 했다가는 엄청 욕을 먹을 거야."

"20년 전에나 했던 이런 말은 지금 하면 직장 내 괴롭힘이야."

"5년 전에는 찬성했으면서 이제 와서 반대한다고?"

이렇게 과거의 말이나 행동을 끄집어내 현재 상황에 끼워 맞춰 모순을 지적하는 장면을 심심치 않게 볼 수 있다. 사람은 시간이 흐름과 동시에 생각도 달라지고, 의견도 수시로 바뀐다. 다만 **본인 안에서는 일관성이 있을 뿐이다.** 그런데도 왜 과거와 똑같은 생각을 고집하는 걸까? 이러한 무관용이 '의사결정은 어렵고 힘들다', '침묵은 금이다'와 같은 폐쇄적인 상황을 만들고 있다고 생각하지 않는가? **이 세상에 언제나 옳은 사람은 없다.** 누구나 실수를 저지른다. 착각도 한다. 정의감으로 모순을 지적하는 태도는 사람을 위축시킬 뿐이다.

변덕스러움 받아들이기

먼저 당신의 태도부터 바꿔 보자. 일관성 없고 변덕스러운 태도를 인정하고 이미 한 말을 취소한다는 것도 받아들이며, 어떤 발언을 비난하지 않는 것이다. 사람은 약한 존재다. 당신의 의견에 반대하는 사람이 실패하면 속으로 기뻐할 것이다. 반대로 그 사람이 성공하면 '말도 안 돼!', '어떤 꼼수를 쓴 거야!'라고 생각할지도 모른다. 그 정도로 사람은 약한 존재다. 그렇기에 당신의 생각을 바꾸길 바란다.

일단 결론을 내리는 습관

의사결정에서는 마인드셋이 중요하다. 여러 번 강조한다. '**무조건 맞는 의견은 없다**'라는 것과 '**항상 정답만 말하는 천재는 없다**'라는 것을 전제를 두고 조직의 기반을 만들어야 한다.

일단 맞다고 생각하는 태도

과학의 세계에서는 모든 것에 가설을 세워 이야기한다. 100퍼센트는 아니지만, '일단 맞다'는 전제하에 이야기를 진행한다. 그렇지 않으면 발전할 수 없기 때문이다. 회사도 마찬가지다. 가설을 세우고 '일단 맞다'는 전제하에서 일을 진행해야 한다.

물론 가설이 틀릴 때도 있다. 그것은 오히려 좋은 일이다. 중요한 것은 가정이라도 그 자리에서 결론을 내리는 것이다.

이는 앞서 시험을 볼 때 모른다고 백지를 제출해서는 안 된다고 이야기한 것과도 연결된다. 예를 들어, 새로운 집을 찾을 때를 생각해 보자. 100퍼센트 만족할 집을 찾으려고 하면 아무리 많은 시간을 쏟아도 결정을 할 수 없다. 일단 우선순위를 정하고 최소한의 조건을 충족시키는 곳을 선택해야 한다. 만약 그 후에 새로운 곳을 찾게 되면 **그때 이사를 하면 된다는 이야기다.** 독립해 본 적도 없고, 살면서 한 번도 이사를 경험한 적 없는 사람은 분명 이렇게 말할 것이다.

"처음부터 평생 살 집을 찾으면 될 텐데."

이는 불가능하다는 것을 설명할 필요는 없겠다.

대전제: 사람은 실수를 한다

사람은 아무리 경험이 많아도 실수를 한다. 실패율을 낮출 수는 있지만 완전히 없앨 수는 없다. 나는 철저하게 **감정을 한쪽에 놓아 두기를** 권한다. 의식하지 않으면 감정 조절이 어렵기 때문이다. 사람은 때때로 감정에 휘둘려 충동적으로 행동한다. 이성적으로 생각했으면 되돌릴 수 있었던 일을 **감정에 휘**

둘러 되돌릴 수 없게 만든다.

"순간 화가 폭발했어."

"답답해."

"무기력해서 멍하니 있었어."

이럴 때 잘못된 판단을 내리게 된다. **현명한 사람이 너무도 쉽게 어리석은 사람이 되어 버린다.** 감정을 정리하고 논리적으로 생각하는 자세는 언제나 중요하다. 이것이 이 책을 쓴 이유이자 식학이 필요한 이유다. 우리는 식학 시스템을 통해 이 원칙을 배울 수 있다.

원칙만 고집하면 어긋남이 생긴다. 여름방학 계획을 세워 봤다면 알 것이다. 처음 계획대로 40일을 보내는 사람이 얼마나 될까? 아마도 손에 꼽을 것이다. 그렇다고 계획은 필요 없다는 뜻은 아니다. **대략의 일정은 세워야 한다.** 하루하루 유혹에 흔들리지 않도록 계획을 세우고, 가능한 한 계획대로 실천하도록 노력한다. 의사결정이 틀릴 수도 있다. 그것을 알면서도 하는 것이 의사결정이다. 그것이 완벽한 의사결정이다.

실수를 부르는 심리적 효과

사람이 실수하는 요인을 꼽자면 끝이 없으니 행동경제학에서 다루는 대표적인 개념 몇 가지만 다루겠다.

먼저 **손실 회피 편향**이다. 예를 들면, 사람은 '1만 엔을 갖는 기쁨'보다 '1만 엔을 잃는 슬픔'을 더 크게 받아들인다. 뇌가 잃는 것을 두려워하기 때문이다. 그러므로 이 행동을 인지한 상태에서 사고를 뛰어넘어야만 한다. 원래는 똑같은 1만 엔이 기 때문에 수치화해서 비교해야 한다.

다음은 **투자 손실 효과**다. 이것은 '아깝다'라는 감정에서 비롯된다. 이미 지불한 돈이나 소비한 시간이 아까워 판단이 흐려진다. 제품을 개발하는 과정에서 이미 실패임을 알았음에도, 여기까지 왔는데 끝까지 가야 한다고 생각한다. 이 역시 논리적으로 수치화해 뛰어넘어야 한다.

마지막으로 **편승 효과**다. 이것은 이른바 또래 압력이다. 사람은 다른 사람과 같은 행동을 할 때 **안도감**을 느낀다. 친구가 가지고 있는 물건을 자신도 가지고 싶어 하고, 같은 집단이 백신을 맞으면 자신도 맞아야 한다고 생각한다. **주변 분위기를 의식하는 특성도 마찬가지다.** 이렇게 한 집단의 분위기에 맞추려고 할 때, 사람은 실수하기 마련이다.

이러한 심리적 효과들을 잘 알면 의사결정에 유효하게 사용할 수 있다.

감정 정리와 논쟁의 사고방식

서장에서 불평을 무시하라고 이야기했다. 하지만 단순한 불평이 아니라 상황을 객관적으로 볼 수 있는 유익한 정보를 공유한다면, 그것을 받아들여야 한다. 사람에게는 남의 실수를 지적하고 싶은 욕구가 있다. 텔레비전 자막의 오탈자를 발견해 연락하는 사람처럼 말이다. 그런 행동의 좋은 부분을 받아들이자.

감정을 논리적으로 정리하라

당신이 새로운 사업을 시작한다고 하자. 그리고 현장에서 '잘 진행되고 있지 않다'라는 사실이 공유되었다. 이 말을 그대로 받아들일 것인가? 아마도 마음이 편치 않을 것이다. 어쩌면 그 정보를 알려 준 사람을 싫어하게 될지도 모른다. 하지만 그런 순간일수록 감정을 논리적으로 정리하지 않으면 안 된다. 자신에게 불리한 것이라도 받아들일 것인가, 말 것인가? 이 결정에서 일의 성과가 나타난다. 당연히 **받아들이는 사람은 성장한다.** 받아들이지 않는 사람은 성장이 멈춘다. 앞서 이야기했듯이 **찬성과 반대, 찬반양론이 있다**는 것을 항상 염두에 두어야 한다. 그것만으로도 정보를 받아들이는 방법이 달라진다.

논쟁의 사고방식으로 의사결정하기

이제는 정보를 받아들이는 훈련을 해야 한다. 이때 **논쟁**의 사고방식이 도움이 된다. 논쟁에서는 A와 B, 두 입장이 서로 대립하며 각자 의견을 내고, 제삼자가 그것을 판단한다. A와 B는 각각의 장점과 단점만을 말하는 역할이다. 제삼자는 이야기를 듣고 어느 쪽의 의견이 좋은지 선택한다. 여기서 중요한 점은, A와 B가 서로를 설득하거나 의견을 바꾸게 만드는 논의, 즉 중재는 존재하지 않는다는 것이다. A와 B는 서로 사실만 이야기할 뿐, 설득하거나 상대방의 주장을 깨뜨리지 않는다. 제삼자는 어느 한쪽을 선택하며, 중립 또한 존재하지 않는다. A에게 B란 반대 의견을 내는 사람일 뿐 딱히 적은 아니다. 각각의 입장과 역할에 충실할 뿐이다. **사람의 취향과는 분리되어 있다.**

여기서 말하는 제삼자는 부장이나 사장과 같은 의사결정자에 해당한다. A인가 B인가, 취향이 아니라 어디까지나 제시된 정보로 판단한다.

"저 사람이 하는 말은 믿을 수 없어."

"저 후배는 매번 실수해."

"○○ 씨가 하는 말이라면 틀림없을 거야."

이렇게 사람을 호불호로 판단하고 있지 않은가? 가슴에 손을 얹고 진지하게 생각해 보길 바란다. 또한 반대 의견을 낸 사람을 설득하려고 한 적이 있지 않은가? 이것도 시간 낭비에 불과하다. 조직 안에서 상대방 한 사람 한 사람의 생각을 바꾸려는 노력은 헛된 일이다. 중요한 것은 책임을 지는 결정자가 유연한 의사결정을 내려야 한다는 점이다. 그래야 조직을 원활하게 운영할 수 있다.

수정을 두려워하지 말기

"귀찮은 일은 하기 싫어. 하던 대로 하면 안 되는 걸까?"

이러한 태도는 언젠가 사고 정지를 일으키고 결국 성장이 멈추게 된다. 이것을 피하는 방법이 한 가지 있다. 바로 '수정하기'다. 이번 장의 핵심 키워드이기도 하다.

실패를 인정하고 적극적으로 수정하기

먼저 '수정하다'라는 말을 '성장하다'라는 뜻으로 받아들이길 바란다. 당신의 인식을 바꿔야 한다. 성공하면 그대로 긍정적인 경험으로 바뀔 것이고, 실패하면 수정하면 된다. 수정할 수 있다는 것은 성장할 수 있다는 의미다. 실패는 필요하다. 다만 **같은 실패를 반복하는 일은 피해야 한다.** 이는 성장이 아니라 단순한 헛수고이기 때문이다.

조직 내에서는 첫 번째 실패를 허용해야 한다. 리더는 이러한 태도를 적극적으로 취해야 한다. 실패를 탓하는 것이 아니라 **"이다음에는 어떻게 할 예정인가요?"**라며 너그럽게 받아들이면 조직은 금방 개선된다.

실패해도 괜찮다는 평가를 받으면 신뢰가 쌓이고, 실패한 부분도 원활하게 수정할 수 있다. 마찬가지로 다른 사람도 이 상황을 보고, 실패를 두려워하지 않게 된다. 일관성이 없다거나 변덕스럽다는 평가를 두려워하지 말고, 이전의 결정을 바꾸는 것을 겁내지 말자. 실패했다면 적극적으로 수정하면 된다. 당신이 리더라면, 이런 분위기를 조직 내에 조성해야 한다. 실패했다고 개인을 탓하는 것이 아니라 조직을 변화시키는 수단으로 삼아야 한다.

결정에 최선을 다하라

수정을 성장으로 재인식하기 위해서는 중요한 원칙이 있다. 바로 결정한 일은 최선을 다해 임한다는 자세이다. 결정한 일에 최선을 다해 임했지만 결과가 좋지 않을 때 '적극적인 수정'이 효과를 발휘한다. 만약 결정한 일에 최선을 다하지 못했다면, 첫 번째 의사결정으로 돌아갈 수 없다.

예를 들어, 자녀가 다닐 학원을 알아보는 상황을 생각해 보자. 'A 학원에 다니면 성적이 오른다'라는 정보를 자녀가 얻어왔다. 이 정보를 바탕으로 부모는 'A 학원에 보내기'로 의사결정을 했다. 1년 후, 아이의 성적은 오르지 않았다. 그러자 아이는 "B 학원으로 옮기고 싶어요. 거기가 더 잘 가르친대요"라고 말했다. 이 정보를 그대로 받아들여야 할까? 여기서 가장 먼저 확인해야 하는 것은 B 학원이 아니다. 아이가 **A 학원에서 최선을 다해 공부했는지** 먼저 확인해야 한다. 만약 A 학원에서 최선을 다하지 않았다면 옮겨도 똑같은 상황이 반복될 가능성이 높다. 일단 한 번 정했다면 이후에는 다른 건 신경 쓰지 말고 **눈앞에 해야 할 일에 집중**해야 한다.

의사결정의 두 가지 사이클: 단일 순환과 이중 순환

의사결정에는 **단일 순환**과 **이중 순환**이 있다. 단일 순환은 한 번 결정한 것을 완벽하게 실행하는 작은 사이클을 말한다. 단기적으로 PDCA 사이클을 돌리는 과정이다. 한편, 이중 순환은 첫 번째 결정을 의심하며 수정하는 큰 사이클로 중장기적 평가와 면담 등을 포함한다.

'목표를 세운다', '새로운 사업을 시작한다' 등의 커다란 의사결정을 했다면 **먼저 단일 순환으로 눈앞의 일에 집중**한다. 시작한 지 불과 일주일 만에 "이 목표가 맞을까?", "애초에 이 사업을 해야 했나?"라는 논의를 하면 아무것도 진행할 수 없다. 되돌아볼 것조차 없기 때문이다. 6개월이 지나 평가를 마친 후, '목표를 크게 바꿔야겠다', '이 사업을 그만둬야겠다'처럼 의사결정의 방향을 전환할 수도 있다. 하지만 이런 상황을 생각해 '그럼 처음부터 대충하자'라는 태도는 멀리해야 한다.

앞서 **의사결정은 물과 같다**고 했다. 그렇게 비유한 것은, 일단 결정한 후에는 **단단한 얼음으로 만들어야 한다**는 것을 의미한다. 임시라도 결정한 것을 일단 믿고 진행한다.

의사결정은 가설일지도 모른다. 하지만 일단 결정한 후에는 최선을 다해야 한다. 이 두 과정을 하나의 짝으로 기억해 두자.

의사결정의 사이클을 돌려라

마인드 중심의 이야기는 여기까지다. 지금부터는 구체적으로 어떻게 해야 하는지 살펴보자. 무엇보다 **하던 대로 해도 괜찮다는 타성에 젖어서는 안 된다.** 그렇다고 타성에 젖지 않기 위해 억지로 의욕을 끌어올려야만 할까? 아니다. 억지로 끌어올린 의욕은 머지않아 사라진다. '무언가 할 의욕이 생기면 하겠다'라는 말은 '의욕이 없을 때는 하지 않겠다'라는 것을 인정하는 행위이기 때문이다.

성장하는 사람은 사이클을 반복한다

장기적인 사업을 진행할 때는 특히 '의욕이 없을 때'를 관리하는 것이 중요하다. 사람들은 보통 처음에는 가만히 내버려둬도 기본적인 의욕을 가지고 있다. 하지만 시간이 흘러 의욕이 조금씩 사라질 때쯤 시스템이 필요해진다. 여기서 중요한 것은 **묵묵히 사이클을 돌리는 태도**다. 앞에서 말한 단일 순환과 같은 이야기다. 사람은 내버려두면 현상 유지를 하려고 한다. 같은 물건을 계속해서 사고, 같은 메뉴를 주문하고 싶어진다. 한 번 도전했다 실패하면, 도전 자체를 멀리하게 된다. 그런데 도전해서 한 번이라도 성공을 경험하면 그때부터는 계속 변화하기를, 더 성장하기를 원한다. 성장하는 사람은 결정해서 실행하고, 문제가 생기면 검증하고 수정해 다시 실행하는 사이클에 들어가 있으며, 계속해서 반복한다.

이 사이클이 멈추면 정답에 가까워지기 어렵다. **한 번에 맞히기 위해 오랜 시간 생각할 필요는 없다.** 그래서 리더의 의사결정이 중요하다. 팀을 승리로 이끄는 것이 리더의 책임이다.

- Plan: 결정한다(계획).
- Do: 실행한다(행동).
- Check: 문제가 발생해 검증한다(평가).

● Act: 수정해서 새로 결정한다(개선).

이 PDCA 사이클을 돌리는 것이 의사결정의 흐름이다. 이
때 오해가 발생한다. 대부분 리더에게 올바른 의사결정을 할
책임이 있다고 여긴다. 계획이 틀려서는 안 된다고 생각하는
데, 이는 완전히 잘못된 생각이다. 이러한 오해로 인해 무조건
신중해야 한다든가, 전례가 없어 결정을 내리지 못하겠다는
심리적 장벽이 생긴다.

평가자는 밖에 있다

이번에는 의사결정을 평가하는 사람이 어디에 있는지 생각해
보자. 리더의 의사결정을 평가하는 사람은 팀의 구성원이 아
니다. **평가자는 밖에 있다.** 평가자는 고객 혹은 상사이기 때문
이다. **팀원은 평가자가 아니라는** 사실을 잊지 말자.

의사결정의 판단 재료는 언제나 완벽하게 갖춰지는 것이
아니다. 이때 리더는 어느 정도 모은 재료를 바탕으로 빠르게
결정해야 한다. 그리고 실행한 후, 외부의 평가를 받아들이고
다시 수정해 결정한다. 이것을 반복한다. 이 사이클을 얼마나
빠르게 회전시킬 수 있는가? 리더는 빠른 실행과 반복을 통해

조금씩 팀을 승리로 이끌어야 한다.

자신의 판단으로 의사결정을 할 때 내부에서 반대 의견이 나올 수도 있다. 혹은 모든 사람이 납득하며 옳다고 생각하는 의사결정을 할 때도 있다. **그렇다 하더라도 평가자는 밖에 있다.** 팀 내부에서는 의사결정이 맞았는지 틀렸는지 알 수 없다. 평가와 판단은 밖에서 이루어진다.

리더의 책임: 빠른 실행과 유연한 수정

성공과 실패는 얼마나 빨리 실행하고 수정했는가에 달렸다. 다음 두 의사결정 방식을 보자.

- **충분히 시간을 들여 신중하게 내린 의사결정**
- **일정 부분 불확실한 상황 속에서 과감하게 내린 의사결정**

두 번째 방식이라도 빠르게 실행하고 수정하면 첫 번째보다 나은 결과를 얻을 수 있다. 또한 첫 번째 방식도 실패할 때가 있다. 많은 조직의 문제는 첫 번째 방식이 일상화되어 있다는 것이다. 결정하기까지 너무 오랜 시간이 걸린다. 평가자가 외부에 있기 때문에 **해 보지 않으면 모른다**는 불확실성만 많은 셈이다. 그래서 재빨리 결정하고 하루라도 빨리, 1초라도 빨리 팀을 승리로 이끌어야 하는 것이 리더의 책임이다. **결과적으로 승리로 이끄는 것**이다.

그래서 실패와 수정이 필요하다. 리더에게 필요한 것은 100퍼센트 정확한 의사결정이 아니다. 조직을 정체시키면서 완벽을 추구하는 것은 오히려 무책임한 행위다. 완벽한 의사 결정이란 결과적으로 조직이 잘 운영될 수 있도록 공헌한 의사결정이다. 100퍼센트 정확한 의사결정과는 정반대의 개념이다.

의사결정의 세 가지 상자

결정해야 하는 것에는 크기가 있다. 빠르게 결정해야 한다는 것이 대전제이지만, 그렇지 않은 문제도 있다. 그래서 **세 가지 상자**를 준비했다.

즉시 결정

정보 부족

기한 설정

가능하면 '**즉시 결정**' 상자에 넣어 빠르게 완료한다. 결정에 필요한 정보가 부족해 그렇게 하지 못하는 경우도 있다. 그럴 때는 '**정보 부족**' 상자에 넣는다. 또한 시간이 필요한 경우도 있다. 이 경우는 '**기한 설정**' 상자에 넣는다.

즉시 결정 상자에 넣을 때

충분한 사전 정보가 있을 때는 그 자리에서 바로 결정해야 한
다. 이 경우는 **선택지가 명확하게 있을 때**를 말한다. 예를 들어,
회사 차량을 이용할 때 발생하는 일을 생각해 보자.

● **미리 회사 차량 사용 신청을 해 두었지만 다른 사람이 마음대로
사용하고 있다.**

회사 차량 사용 신청을 종이 서류로 관리하는 경우 실제로
관리 대장이 있는 곳에 가서 직접 작성해야 한다. 그래서 종이
가 아닌 스프레드시트로 관리해 언제 어디서든지 스마트폰이
나 컴퓨터로 작성할 수 있게 만들면 좋겠다는 아이디어가 떠
올랐다.

이 정도의 문제라면 의사결정자가 빠르게 결정할 수 있다.
명확하게 문제가 발생했고, 그 문제를 해결하는 방법도 명확
하다. 다만 이 정도의 문제에서도 모두의 동의를 얻어야만 한
다고 생각해 다른 사람들의 의견을 구하려는 사람들이 있다.

그렇게 되면 종이에 쓰던 기존 방식이 좋다든가, 스프레드시트 사용에 익숙하지 않다든가 하는 등 불평이 터져 나오게 되고, 의사결정이 흔들리게 된다.

정보가 갖추어져 있을 때는 **의사를 가지고** 변경하겠다고 결정한다. 그리고 모두가 실행할 수 있도록 공유한다. 처음에는 잘 따라오지 못하는 사람도 있을 것이다. 그것은 철저하게 관리하는 수밖에 없다.

정보 부족 상자에 넣을 때

이어서 정보가 충분하지 않은 경우를 살펴보자. 앞에서 이야기한 상황에 비해 **의사결정의 난이도가 높은 문제를 처리해야 할 때**이다. 예를 들어, 사내 온라인 모임을 만들 것인지, 말 것인지 의사결정 해야 하는 상황을 가정해 보자. 신규 프로젝트의 경우 대부분 업무 경험이 부족한 팀원으로 구성되어 있을 확률이 높다. 이 경우에는 프로젝트를 순조롭게 진행하기 위해 '타사의 온라인 모임을 조사해 리포트를 제출하라'처럼 필요한 정보를 특정해 부하에게 요청해야 한다.

팀원에게 업무를 주고 기한을 정해 발표하도록 하면 정보가 효과적으로 모이고, 모임을 진행할지 말지 결정할 수 있다.

또한 모임을 진행하게 된다면 어떤 주제로 운영할 것인지를 판단하는 데도 도움이 된다. 이때 책임을 지는 사람이 혼자서 모든 정보를 찾을 것이 아니라 팀 전체가 함께 준비해 빠르게 의사결정을 내리는 것이 중요하다.

기한 설정 상자에 넣을 때

세 번째는 결정하기 위한 정보를 얻는 데 시간이 필요한 경우다. 앞서 정한 기한보다 좀 더 **긴 시간에 걸쳐 판단하고 싶을 때**다. 바꿔 말하면, 어느 정도 비즈니스를 진행해 보고 조금 더 결과를 지켜보고 싶은 경우에 해당한다. 앞에서 이야기한 온라인 모임을 그대로 이어 갈 것인가? 혹은 무료에서 유료로 전환할 것인가? 이러한 의사결정을 내리기 위해서는 어느 정도의 **시간**이 필요하다.

예를 들어, 연간 가입자 수 목표를 1만 명으로 설정하고 첫 1개월 동안 어느 정도 증가했는지 보거나 체험판으로 유료 콘텐츠를 제공해 일주일 동안 구입한 사람이 몇 명인지 보는 등, 기준을 정하고 검토할 데이터를 모아야 한다. 어쩌다 시작해 대충 진행하면 안 된다. 1주일 후, 1개월 후처럼 확실하게 기한을 설정해야 한다.

속전속결이 정답은 아니다

해결해야 할 문제가 있다면 세 가지 상자 중 하나에 넣는다. 목표는 조금이라도 빨리 성공이나 실패에 가까워지는 것이다. 이때 개인이나 조직이 유연한 사고를 할 수 없고, 정지된 상태일 때는 상자에 넣지 말아야 한다. 멈춰 있는 상태가 가장 비효율적이다.

결과만 본다면 가장 이상적인 방법은 첫 번째 상자, 즉결 상자이다. 하지만 꼭 속전속결이 좋은 것은 아니다. '빠르면 빠를수록 좋다'라는 말이 자칫 무모한 행동을 권유하는 것처럼 들릴 수 있다. 그러므로 무작정 '한다' 또는 '하지 않는다'를 그 자리에서 결정해서는 안 된다. **그런 결정은 의사결정이 아닌 단순한 반응이다.**

검토하고 싶을 때는 두 번째나 세 번째 상자에 넣는다. 두 번째 정보 부족 상자에 넣으면 부하나 팀원은 다음에 무슨 일을 해야 하는지 알 수 있고, 행동으로 옮길 수 있다. 세 번째 기한 설정 상자에 넣어 기한을 제시하면, 그동안 다른 업무에 집중할 수 있다. 즉 **어느 쪽이든 앞으로 나아갈 수 있다.** 상자에 넣음으로써 눈앞의 일에 집중할 수 있다. 애초에 기한을 설정하지 않으면 일이 될 수 없다.

언제나 미래부터 본다

의사결정을 위해 세 가지 상자에 문제를 넣기로 했다. 앞서 종이를 스프레드시트로 변경하는 간단한 문제를 살펴봤는데 이때는 무엇을 판단 기준으로 두어야 할까?

이익은 반전한다

의사결정을 할 때의 판단 기준은 언제나 미래 시점이다. 한마디로 다음과 같다. **미래의 자신이나 조직에 이익이 되는가?** 지금이 아닌 미래가 포인트다. 왜냐하면 **이익의 반전이 일어나기** 때문이다.

"앞으로 업무를 할 때, 종이 대신 스프레드시트를 사용하겠습니다."

이러한 의사결정을 내렸다고 하자. 그러면 처음에는 새로운 시스템을 만드는 데 시간이 든다. 게다가 직원들에게 사용법을 가르치고 관리하는 비용도 추가적으로 발생한다. 단기적으로 보면 손해처럼 보일 수 있다. 하지만 미래 시점으로 보면 어떨까? 한 달 후, 대부분의 직원이 사용법을 익혀 스프레드시트로 작업하게 된다. 일단 새로운 상황에 적응하게 되면 예전 방식으로는 돌아갈 수 없다. 이처럼 미래에는 이익을 기대할 수 있다. 그렇다면 변화를 선택해야 한다.

간결한 답을 찾는 질문

"이 결정으로 인해 미래의 자신이나 조직이 이익을 얻을 수 있는가?"

망설여질 때는 자신에게 질문해 보길 바란다. 지금 당장이 아니다. **미래다.** 이렇게 하면 자연스럽게 간결한 답이 나올 것이다.

한 영업 사원이 대기업을 상대로 계약을 따내기 위해 다음과 같은 의사결정을 내렸다.

"한두 차례 협상만으로 결론을 재촉하기보다 장기적인 관점에서 고객으로 만들기 위해 여러 번 대화를 나눠 가며 이득이 될 만한 일을 계속 만들어 보자."

만약 상대방이 일반 사원이라면, 당장은 그 사람에게 중요한 결재 권한이 없을 것이다. 하지만 장기적으로 봤을 때, 그 사람이 승진하거나 부서 이동을 통해 결재권을 가질 가능성이 있다. 이렇게 1년, 2년 후를 보고 승부를 걸면, 큰 이득으로 돌아올 수 있다는 사실을 기억하자. 이처럼 **6개월 후나 1년 후에 얻을 수 있는 평가를 위해 판단을 내리고 있는가?** 미래를 기준으로 계산하면, 지금 해야 할 일과 결정해야 할 일이 명확해진다.

1장의 실천:
적극적으로 수정하기

1장에서는 수정의 중요성에 관해 이야기했다. 비즈니스에서는 얼마나 적극적으로 수정을 할 수 있느냐가 성공의 열쇠다. 조직 안에서 타성에 젖은 채 유지하고 있는 것이 있지 않은가? 이것을 당신의 의사결정으로 멈추길 바란다. 예를 들어, 영업 부서에서 매주, 월요일 주간 회의와 금요일 정보 공유 회의를 한다고 하자. 이때 팀 내에 영업 제안 건수와 체결 건수가 늘지 않는다는 문제가 발생했다.

　"금요일은 상담이 많은 날이라 회의가 업무에 방해가 돼요."

　"정보 공유 회의는 회의를 위한 회의인 것 같아요."

　이제 어떻게 해야 할까? 반응하는 것을 넘어 팀을 운영하기 위한 가설을 세워야 한다.

"금요일 회의를 폐지하면 영업 제안 건수가 증가해 결과적으로 체결 건수가 늘지 않을까?"

이 가설을 바탕으로 금요일 회의를 폐지하기로 했다면, 리더는 당당하게 결정된 사항을 전달해야 한다.

"금요일 정보 공유 회의를 폐지하고, 월요일 주간 회의에서 필요한 정보를 공유하도록 하겠습니다."

어쩌면 일부 팀원들이 다음과 같은 부정적인 의견을 낼지도 모른다.

"금요일에 하는 보고가 익숙해서 하던 대로 유지했으면 좋겠어요."

과거에 결정한 규칙이 반드시 유지되어야 하는 것은 아니다. 아무리 단단히 자리 잡고 있다고 해도 더 이상 불필요하다면 무너뜨려야 한다. 완벽한 의사결정은 변화에 대응해 나가는 것이 전제되어야 한다. 따라서 과거에 했던 결정을 취소한다고 말하는 것이나 방침을 변경하는 것에 주저할 필요가 없다.

"과거의 규칙은 없애겠습니다."

리더는 당당하게 전달해야 하며 그 말을 들은 팀원도 받아들일 수 있어야 한다.

이처럼 타성에 젖은 불필요한 소통이 당신 회사에도 존재하지 않는지 생각해 보자. 서로 연락할 때 불필요한 예의를 갖추느라 시간을 낭비하는 상황이 자주 발생하지 않는가? 만약 현장에서 '서로 연락을 주고받는 데 많은 시간이 소요된다'라는 사실이 공유되었다고 하자. 이것을 그대로 받아들일 수 있을까? 받아들임의 여부가 곧 일의 성과로 이어진다. 예를 들어, 다음과 같은 의사결정을 내릴 수 있다.

"상대방 의견에 동의할 때는 이모티콘을 보내도 좋다."

"정기적인 연락은 기본 양식을 만든다."

이렇게 현장의 정보를 기반으로 필요한 부분을 하나씩 수정해 가는 것이 중요하다.

계속 이야기했듯이 수정한다는 것은 성장한다는 의미임을 알아야 한다. 조직 내에서는 한 번의 실패를 용서하고, 리더는 이러한 태도를 적극적으로 받아들여야 한다. 실패를 탓하는 대신 다음에는 어떻게 할지 물을 때 조직이 개선된다. 첫 번째 실패를 했다면 일관성 없는 태도를 두려워하지 말고 적극적인 수정을 실행한다.

이제부터는 의사결정의 세 가지 상자를 바탕으로 설명하겠다. 앞서 이야기한 세 가지 상자의 핵심을 기억하며 읽기 바란다.

2장

충분히
생각하기의 정체

문제의 해상도

"혹시 여행 가고 싶으세요?"
이런 질문을 받으면 가고 싶은지 아닌지 그 자리에서 결정해야 한다.
반드시 가겠다는 결정을 내리라는 것이 아니다.
"거기에 쓸 시간과 돈을 다른 곳에 쓰겠어요. 전 가지 않을래요"라는
의견도 있을 것이다.
다만 "언젠가는 가고 싶은데, 조금 더 상황이 안정되면 갈래요"라고
답하는 사람은 반드시 후회한다.

문제의 해상도를 높이자

1장 후반부에서 의사결정의 세 가지 상자를 소개했다. 이 세 가지 상자를 놓고 이런 의문이 떠오를지도 모른다.

"사람에 따라 **즉시 결정** 혹은 **정보 부족**으로 다르게 생각하지 않을까?"

신중한 성격인 사람은 100퍼센트 확실한 정보를 원한다. 단점이나 의문점이 전부 해결될 때까지 기다리기 때문에 속도가 느릴 수밖에 없다.

명확한 의사결정의 첫걸음, 해상도 높이기

종종 회의가 길어질 때가 있다. 원인은 **문제의 해상도**, 즉 구체성이나 명확도가 낮기 때문이다. 대화의 주제가 모호하면 무엇을 의사결정 해야 하는지 불분명해진다. 막연한 과제라면 대화를 나눠도 결론을 내리기 어렵다.

"앞으로 회사를 어떻게 이끌어나갈 것인가?"

이런 주제의 회의에서는 현장 실무진을 포함한 많은 인원이 각자 의견을 주고받아도, 논의가 구체적으로 진행되지 않으면 결론을 내릴 수 없다. 어쩌면 타 부서에 대한 불평을 늘어놓거나 옛날이야기, 사내 소문에 대해서만 이야기하다가 끝날 것이다. 결국 여러 가지 일이 있지만, 내일부터 열심히 하자는 결론과 함께 회의가 끝나버린다. 회의가 의사결정의 **토대에조차 올라가지 못한 것이다.**

여기서 주의해야 할 부분은 문제의 해상도다. 쉽게 설명하면 '할 것인가, 말 것인가'라는 행동 차원의 문제를 반영할 것인가의 여부다. 만약 여전히 검토의 여지가 있다면, 즉시 결정하기 어렵다면 '언제까지 결정할 것인지' 기한을 설정해야 한다. 이처럼 문제의 해상도를 높인 후에 의사결정으로 넘어가야만 한다.

문제의 크고 작음

문제의 크기에도 주목해야 한다. 만약 업무는 누가 맡을 것인지와 같은 작은 문제라면 그 자리에서 즉시 결정하는 것이 바람직하다. 세 가지 상자 중 즉결 상자에 넣고 의사결정자가 바로 결정하도록 한다. 이때는 불필요한 대화를 줄이고 판단은 윗사람이 하도록 한다.

반면 너무 큰 문제는 바로 결정하지 않도록 한다. 책임 소재가 불분명하기 때문이다. 사업을 그만둘지, 부서를 재편할 것인지와 같은 큰 문제는 사장이나 임원이 결정해야 한다. 따라서 어디까지나 **자신의 책임이 따르는, 책임을 감당할 수 있는 문제를 다뤄야 한다.**

큰 문제를 해결하는 효과적인 방법은 문제를 쪼개는 것이다. 자신이 감당할 수 있을 정도의 크기로 쪼개면 해결의 실마리를 찾을 수 있다.

"어떻게 하면 영업부의 업무 방식을 바꿀 수 있을까?"

"거래처를 중소기업으로 한정할 것인가, 대기업까지 확대할 것인가?"

이처럼 구체적인 행동을 선택지로 설정하면, 앞으로 나아갈 사업 방향과 의사결정의 책임 소재가 명확해진다.

문제는 작게 쪼갠다

문제를 어렵게 만드는 사람은 종종 문제를 지나치게 키우는 경향이 있다. 행동 차원에서 다룰 수 있도록 애써 문제를 작게 쪼갰음에도, 인류 성장에 대한 기여도나 경제를 위해 할 수 있는 일 따위를 고민하기 시작한다. 하지만 이런 생각은 혼자서 해도 충분하다. 문제 해결을 위해서는 자신이 다룰 수 있을 만큼 범위를 좁히는 것이 원칙이다. 막연하게 거창한 주제를 논한다고 해서 일이 진행되는 것은 아니다. 예를 들어, '사업 개선 횟수'를 평가 항목으로 추가한다면, 개인 차원에서 개선해야 할 문제를 확인할 수 있다. 동시에 의사결정자는 우선순위를 정해 해결할 수 있다. 필요 없는 선택지는 배제하는 것이 의사결정이다. '모든 것이 다 중요하다'라는 상태로는 앞으로 나아갈 수 없다.

단점이라는 요물

여러 번 강조하지만 모든 일에는 **찬반양론**이 존재한다. 즉 단점이 있기 마련이다. 그리고 사람은 단점을 실제보다 더 무겁게 받아들이는 경향이 있다. 마치 요물처럼 말이다.

부정적인 생각은 끝없이 이어진다

68쪽에서도 이야기했듯이 **편향**이 영향을 미치기 때문이다. 1만 엔을 얻었을 때의 기쁨보다 1만 엔을 잃었을 때의 슬픔이 더 크게 느껴진다. 이러한 편향은 뇌의 본능적인 작용이다. 사람은 성공보다 실패를 더 많이 떠올리고, 실패를 피하는 데 집중하려 한다. 이 사실을 논리적으로 이해해야 한다.

"1만 엔을 잃는 것이 더 싫어. 그런데 생각해 보니 둘 다 똑같은 1만 엔이네."

이렇게 수치로 객관화하면 **감정이 아닌 논리로 판단할 수 있다.** 그렇지 않으면 시간이 흘러도 단점만 곱씹다가 결국 아무것도 하지 못하게 된다. 애초에 **사람은 본능적으로 끊임없이 단점을 생각할 수 있다.** 예를 들어, 외출할 때 이동 수단을 선택한다고 하자.

"지하철을 타면 사고가 날지도 몰라."

"자전거 체인이 빠지면 어떻게 하지?"

"자동차를 탔다가 교통사고가 날지도 몰라."

"걸어가면 길을 잃을 수도 있어."

이처럼 단점은 얼마든지 생각할 수 있다. 그렇다고 계속 집에만 있을 것인가? 물론 단점을 무시하라는 뜻은 아니다. 실제로 일어날 법한 위험은 제대로 파악하고 대비해야 한다.

"자동차는 사고가 날 수도 있지만 확률이 낮고, 보험에 가입되어 있으니 걱정할 필요는 없다."

이러한 사실을 인식하면 행동으로 옮길 수 있다. 사람은 경험을 통해 위험에 익숙해지고, 이는 의사결정 과정에도 영향을 미친다.

의사결정력을 높이는 습관

가끔 비행기를 탈 때, 추락할지도 모른다는 불안에 휩싸이곤 한다. 이는 경험이 부족해서 발생하는 자연스러운 반응이다. 하지만 이런 불안을 견디지 못하면 다른 이의 의견에 의지하고 싶어지고, 결국 스스로 생각하는 능력이 멈추는 사고 정지 상태에 빠지게 된다. 이런 상태를 피하려면 의사결정 기술을 하루빨리 몸에 익혀야 한다. 쉽게 불안에 휩싸이는 사람은 습관 개선을 통해 충분히 바뀔 수 있다. 항상 찬반양론이 존재한다는 것을 잊지 않는 것이 중요하다. 그리고 자신의 의견을 내는 습관을 기르도록 한다. 다음과 같은 질문을 스스로에게 던져 보자.

"원자력 발전소 건설에 찬성하는가, 반대하는가?"

"사형제도에 찬성하는가, 반대하는가?"

"부부 별성別姓 제도(결혼할 때 배우자의 성을 따를지 자율적으로 선택하는 제도)에 찬성하는가, 반대하는가?"

일단, 자신의 생각을 즉각적으로 답해 보자. 그다음 두 의견의 장점과 단점을 파악하고 자신의 의견을 결정한다. 이러한 태도는 의사결정력을 키우는 데 중요한 역할을 한다. 이 과정에서 다양한 유혹이 생긴다.

"○○ 씨가 하는 말이니 맞겠지, 뭐."

"그냥 다들 그렇게 말하니까."

혹시 이런 식으로 스스로 생각하는 과정을 포기한 채 도망치고 있는 것은 아닌지 되돌아보자. 한 걸음 더 나아가, **사실이나 데이터를 확인한 후 논리적으로 어느 한쪽을 선택하는 습관을 들이자.**

다음과 같이 말해 보자.

"물론 단점이 있다는 것은 알고 있습니다. 하지만 분명한 장점이 있습니다. 저는 이 부분이 가장 중요하기 때문에 의견에 찬성합니다."

이렇게 사고방식을 바꾸는 연습을 반복해 습관으로 만들자. 의사결정이란 이런 것이다.

단점을 정확하게 판단하라

단점을 단순히 두려워할 것이 아니라 직시하는 태도가 중요하다. 이는 단점을 적당히 받아들이라는 것이 아니라 위험 요소를 정확히 파악하라는 것이다. 여러 번 강조하지만, 실패는 중요하다. 하지만 모든 실패가 용인되는 것은 아니다. **돌이킬 수 없는 실패**도 있다. 단점을 받아들인다고 해서 월급을 전부 내기에 쏟아붓는 선택은 의사결정이 아니다.

만약 식비나 집세 등 생활비를 제외한 용돈으로 내기를 한다면 그 누구도 뭐라고 하지 않을 것이다. 실패하더라도 생활은 유지할 수 있기 때문이다. 바꿔 말하면, **'돌이킬 수 있는가, 없는가'**가 판단 기준이 된다. 당연한 말이지만, 무리수를 두는 것은 의사결정이 아니다.

앞서 이야기했듯이 지금 보이는 눈앞의 단점은 미래를 생각하면 오히려 이익 반전이 발생해 장점이 될 수도 있다.

"지금은 공부하기 힘들지만, 1년 후에는 영어로 말할 수 있을 것이다."

"매일 근육통에 시달리지만, 1년 후에는 근육이 생길 것이다."

이렇게 미래에 얻을 수 있는 이점을 선택해야 한다. 힘들지만 열심히 공부하고 견디기 힘든 근육통을 받아들이는 것도 미래를 위한 것이다. 비즈니스에서도 마찬가지다. 위험을 받아들여야 한다.

보이지 않는 불확실성을 생각한다

눈에 보이는 손실은 알기 쉽다. 앞서 언급한 기회 손실을 기억하는가? 이는 어떤 선택을 통해 얻을 수 있었던 이익을, 다른 방법을 선택함으로써 놓치게 된 경우의 손실을 말한다. 우리는 이것을 미리 계산해 둘 필요가 있다. 예를 들어, 장래에 성장할 기업과 좋은 관계를 맺어 두면 이후에 어떻게 될까? 만약 초기 단계부터 협력했다면, 나중에 회사의 규모가 커졌을 때 "예전에 많은 도움을 받았습니다"라며 좋은 관계가 계속 이어질 것이다. 물론 그 기업이 실제로 성장할지 100퍼센트 예측하는 것은 불가능하다. 하지만 불확실성이 있을 때부터 시간과 노력을 투자한 덕분에 큰 이익이 돌아오는 경우도 있다. 이것은 기회 손실에 주목했기 때문이다. **지금 하지 않으면 미래에 손해를 보는 것**에 주목하고 결단을 내려야 한다. 우리는 항상 무슨 일이 일어날지 알 수 없는 **불확실성**과 함께 살아가야 한다.

충분히 생각한다는 것의 실체

충분히 생각한다는 것은 무슨 말일까? 이 말은 모호하게 들릴
수 있어 확실하게 정의하지 않으면 오해를 불러일으킬 수 있
다. 그 정의에 대해 이야기해 보겠다.

시간의 무게

같은 말이어도 사람마다 받아들이는 정도가 다르다. 예를 들
어, 다음 두 가지 이야기를 들었을 때 떠오르는 시간의 길이는
어떠한가?

"바로 결정해 주세요."

"신중하게 결정해 주세요."

아마 서로 해석이 다를 것이다. 만약 당신의 자녀가 이야기
한다면 어떤 느낌이 들까?

"장래 희망을 1시간 동안 생각하고 결정했어요."

충분하게 느껴지는가? 아니면 '겨우 1시간? 조금 더 고민
하는 게 좋지 않을까?'라는 생각이 드는가? 장래 희망이라는
중요한 결정을 내리는 데 1시간이라는 시간은 부족해 보인다.
하지만 아이가 지금까지 수많은 정보를 찾고 부모와 선생님,
또래 친구들에게 조언을 얻었다고 하자. 또 각종 기사와 인터
넷 등을 통해 정보도 얻었다. 이렇게 얻은 정보를 바탕으로 1시
간 동안 깊이 고민했다고 하자. 이렇게 보면 충분히 생각했다
는 느낌이 들지 않는가?

순발력은 필요 없다

업무에서도 앞서 이야기한 것과 똑같은 상황이 생길 수 있다.
어느 시기까지 반드시 결정해야만 하는 과제가 있다면 실제로
1시간 동안 집중해서 고민해 보자. 스마트폰을 보거나 다른
일을 하지 않고 온전히 60분, 3,600초 동안 고민한다. 어떠한
가? 분명 시간이 길게 느껴질 것이다. 그리고 충분히, 잘 생각

했다고 느낄 것이다.

합리적이고 현명한 결정을 하고 싶은 사람은 결정하기 전에 **시간의 여유를 갖는다.** 본능적으로 결론을 내리거나 반사적으로 대답하는 것을 피한다. 1시간 정도면 충분하다. 어쩌면 즉시 결정한다는 표현이 오해를 불러일으킬지도 모른다. 현장은 무시하고 회의실에서 1초 만에 결정을 내려야 한다고 생각할 수도 있다. 하지만 실제 업무는 그렇게 급박하게 흘러가지 않는다.

거절은 신속하게, 시간을 끄는 것이 진짜 민폐다

모은 정보를 살펴보며 1시간, 30분 혹은 10분 동안 고민한다. 이 정도면 충분하다. 만일 그 이상 시간이 든다면 단순히 용기가 없어서일지도 모른다. 아니면 적당히 거절할 말을 찾는 것일지도. 그래서 다시 검토해 보겠다고 말한다. 하지만 우리는 상대방의 시간도 소중하게 여겨야 한다. 거절할 것이라면 **빨리 거절해야 상대방도 다음 결정을 내릴 수 있다.** 오히려 긍정적으로 반응한 뒤, 시간을 끌다가 거절하는 것이 민폐. 입장을 바꿔 생각해 보라. 만약 정말 시간이 필요하다면, 의사결정의 세 가지 상자 중 정보 부족 상자와 기한 설정 상자를 떠올리자.

"어떤 정보가 부족한지 제시한다."

"구체적인 기한을 제시한다."

무작정 시간을 끌면서 검토라는 말로 도망치는 행동은 충분히 생각하는 것이 아니다. 시간을 효율적으로 활용하고, 필요한 선택과 의사결정을 빠르게 하는 것이 중요하다.

회의는 꼭 필요한 것일까?

의사결정을 하는 데 회의가 반드시 필요할까? 어쩌면 매주 몇 시간씩 회의하고 있을지도 모른다. 여기에는 불필요한 부분이 분명 존재한다.

의사결정자를 정한다

반대 의견을 낸 사람을 배려해, 끝까지 이해를 얻으려고 한 적이 있을 것이다. 모든 사람을 납득시킬 수는 없다. 조직의 모든 구성원은 **의사결정 하는 사람이 일단 결론을 내린다**는 것을 공유한 상태여야 한다. 그리고 그 결정을 탓하지 않는다. 한정된 정보와 한정된 시간 안에서 의사결정자가 의사결정을 내린다. 의미 없는 대화와 불필요한 배려는 필요 없다. 이를 위해 회의를 시작하기 전에 의사결정자를 정한다.

회의는 회의, 잡담은 잡담

애초에 의사결정자가 명확하게 정해지지 않은 회의는 진행해서는 안 된다. 어떤 논의든 마지막에는 한 명의 책임자가 결정을 내려야 한다. 또한 원칙적으로 모든 사람을 이해시키려는 시도는 하지 않는 것이 중요하다. 물론 감정이 드러날 수 있으니 약간의 보충 설명은 해도 괜찮다. 하지만 회의가 불만을 토로하는 자리로 변질돼서는 안 된다.

만약 논의 끝에 판단할 정보가 부족하거나, 결정할 수 없다면 **정보 부족 상자**와 **기한 설정 상자**에 넣는다. 어떤 정보가 필요한지 명확하게 전달하고, 언제까지 결정할 것인지 기한을 정하면 회의 참가자는 다음 행동을 준비할 수 있다. 이렇게 해야 생산적인 회의가 된다. '이 내용, 저번에도 이야기했던 것 아닌가?'라는 생각이 드는 회의가 있다면 그것은 가장 나쁜 회의다. 리더는 같은 내용의 논의가 반복되지 않도록 주의해야 한다. 만약 회의의 목적이 잡담이라면 그건 그대로도 괜찮다.

물론 회의라고 할 수 없지만 말이다. 가벼운 잡담이야 나눌 수
있지만, 회의의 본질을 해쳐서는 안 된다.

"무슨 이야기든 다 들어 줄게."

"이 중에서 말하고 싶은 사람만 말해."

이렇게 비효율적으로 회의가 진행되지 않도록 주의한다.
회의에서 가장 중요한 것은 누가 결정할 것인가를 모든 사람
이 인식하는 것이다.

반대 의견을
말해야만 하는 책임

의사결정은 책임자가 해야 한다. 그렇다면 팀원들은 무조건
그 결정에 따라야만 할까? 이것은 전혀 다른 문제다.

책임과 권한이 있다

부하나 팀원은 각자 맡은 **책임과 권한**이 있다. 따라서 책임을
다하기 위해 반대 의견이 있다면 반드시 말해야 한다.

"신제품 관련 소비자 응대 업무가 너무 많습니다. 앞으로
이 업무는 하지 않게 해 주셨으면 좋겠습니다."

"새로운 시스템을 제대로 활용하지 못하고 있습니다. 다른

시스템으로 변경해 주셨으면 합니다."

"아르바이트생을 교육할 시간이 부족합니다. 추가 채용은 하지 않아도 됩니다."

이는 책임자가 알 수 없는 부정적인 정보를 전달하는 과정이다. 이러한 내용을 전달하지 않으면 업무를 제대로 해낼 수 없기 때문에 반드시 전달해야 한다. 책임자에게 보고하는 것은 업무의 일환이며 끝까지 해내야 한다. 단순히 지시에 따르라는 것이 아니다. 맡겨진 책임과 권한을 적극적으로 활용해야 한다.

또래 압력을 책임으로 뛰어넘어라

다만 여기에서도 감정의 문제가 발생할 여지가 있다.

"나만 다른 의견을 말하고 싶지 않다."

"조직 내에서 따돌림 당하고 싶지 않다."

이처럼 **또래 압력**에 영향을 받을 수 있다. 이는 단순히 개인의 문제가 아니다. 리더와의 소통 방식이나 회의 진행 방식과도 관련되어 있다.

"반대 의견을 충분히 받아들인다."

"개인의 취향으로 결정하지 않는다."

"제시된 의견은 거부 또는 배제하지 않고 열린 태도로 회의를 진행한다."

또래 압력을 예상해 대화 방식이나 회의 환경을 만드는 것도 좋다. 만약 회의처럼 공개적인 자리에서 반대 의견을 내기 힘든 분위기라면, 그런 사람을 배려한 다른 수단을 이용할 수도 있다. 예를 들어, 의사결정자인 상사에게 메일로 전달하게 하는 것이다. 다만 **어디까지나 결정은 의사결정자가 해야 한다.**

반대 의견을 받아들이는 자세

의사결정 과정 중에 발생하는 반대 의견은 수용할 필요가 있다. 회의에서 자신과 반대되는 의견이 나왔을 때, 이를 받아들이는 자세가 요구된다. **반대하는 것은 공격이 아니다.** 하지만 우리는 의견에 반대한다고 말하면 상대방을 부정하는 것이라고 생각하는 경향이 있다.

"저 사람은 나를 싫어하나 봐."

"악의가 있으니까 내 말을 가로막았겠지."

"내 인격이 부정당한 느낌이야."

반대 의견은 그저 '다른 의견'일 뿐, 상대를 부정하는 것이 아님을 조직 구성원이 모두 알아야 한다.

보통 사람들은 자신이 하는 일에 대한 의견을 들으면 본능적으로 거부감을 느낀다. 하지만 둘러싼 환경이 어떠하냐에 따라 점차 익숙해진다.

회의 중에 **반대 의견이 나오는 것은 자연스러운 일이다.** 다른 직원이나 팀원에게는 반대 의견을 말할 권한이 있고 이를 행사하는 것은 조직에서 매우 자연스러운 일이다.

객관성을 키우는 법

자신이 내린 결정의 단점을 생각할 수 있는 사람은 객관성을 확보하게 된다. 우리는 이를 수정이라는 기능으로 활용할 수 있다. 쉽게 말해 의심하고 검토하는 습관을 가지게 되는 것이다. 다만 단점에 사로잡혀 일을 진행하지 못하면 주객이 전도된다. 단점을 파악하고 위험을 인식한 다음 '한다' 또는 '하지 않는다'라는 판단을 내려야 한다. 이 과정을 거치며 객관성을 갖출 수 있다.

엄격함과 자상함은 밀접한 관계가 있다. 예를 들어, 옷을 거꾸로 입었다고 상상해 보자. 당신에게 옷을 거꾸로 입었다고 말해 주는 사람은 엄격한 사람일까? 그렇지 않다. 오히려 자상한 사람에 가깝다. 그런데 개중에는 망신을 줬다며 화를 내는 사람이 있다. 물론 순간적으로 부끄러움에 감정이 튀어 나올 수는 있다. 하지만 차분히 생각해 보자. 그 사람은 당신의 실수를 친절하게 알려 준 사람일 뿐이다. 그런데도 말투가 짜증스러웠다거나 비웃는 표정이었다거나 하며 계속 화를 낼 것인가?

당신은 까다로운 의견이나 피드백을 얼마나 객관적으로 받아들이는가? 이는 회의나 평가 면담에서도 마찬가지다. 성장하는 사람은 상황을 긍정적으로 평가하고 해석한다. **자신이 다룰 수 있는 것과 다룰 수 없는 것의 경계를 명확히 한다.**

다시 한번 '**찬반양론의 마인드셋**'을 떠올리자. 모든 의사결정 과정에서 단점을 없애기란 불가능하다. 계속 이야기했듯이, 단점을 충분히 마주하고 파악해야 한다. 위험을 인식하고 받아들임과 동시에 **장점을 선택**하며 의사결정을 이어 나가야 한다. 단점을 고려하지 못하는 것은 위험을 생각하지 않는 것이므로, 오히려 더 위험하다.

위험 0퍼센트를 노려야 할 때

단점을 완전히 제거해야 하는 경우도 있다. 생명과 관련된 일을 떠올려 보자. 누군가 사망할 가능성이 있을 때 그래도 장점을 선택하겠다고는 말할 수 없다. 사고가 일어날 확률은 0퍼센트에 가까워야 한다. 중요한 수술을 앞둔 의사는 환자에게 "성공 확률은 ○○퍼센트입니다"라고 이야기한다. 최종 선택은 환자의 몫이다. 다만 의료 현장에서의 의사결정과 일반 업무나 경영에서의 의사결정은 그 **성질이 조금 다르다는 것**을 알아 두자.

수단으로서의 감정 조절

감정 조절은 식학에서 매우 중요한 부분이다. 비록 내가 전문가는 아니나, 그동안 식학을 연구하고 적용시킨 경험을 바탕으로 여러분에게 도움이 될 내용을 공유하고자 한다.

감정을 조절하는 가장 쉬운 방법, 쿨 다운

반대 의견을 들으면 무의식중에 감정이 앞설 때가 있다. 혹은 후배에게 무언가를 가르쳐 주다가 나도 모르게 설교를 늘어놓기도 한다. 이때 당신이 할 수 있는 일은 아주 간단하다. 바로 '쿨 다운Cool Down하기'인데, 15분이나 30분, 필요하다면 1시간

동안 혼자 생각하는 시간을 갖는 것이다. 원시적이지만 판단의 질을 높이는 방법이다. 쿨 다운으로 냉정을 되찾고 이성적으로 생각한 다음, 논리적으로 판단해야 한다. 그리고 천천히 냉정하게 결정한다. 이것만으로도 결정의 질이 눈에 띄게 향상된다.

여담이지만 감정과 이야기를 엮어서 말하면, 원래 사람은 내버려두면 게을러지기 마련이다. 그래서 나는 관리의 중요성을 강조한다. 최근 들어 관리직은 필요 없다고들 주장하지만, 나는 이 의견에 반대한다. 돈은 관리하지 않으면 낭비하게 되고, 공부는 관리하지 않으면 미루게 되며, 일은 관리하지 않으면 대충 하게 된다.

어떤 일이든 관리가 먼저다. 관리하는 습관을 들이면 점점 관리의 필요성이 줄어든다. 그 반대의 경우는 있어서는 안 된다. 이것이 올바른 순서다. 사회에서 감정적으로 반응하는 사람은 이성을 통해 조절해야 하며, 이러한 방식을 오롯이 자신의 것으로 만들고 익혀야 한다.

한 호흡 쉬어 가는 것

중요한 의사결정을 내려야 할 때는 먼저 한 호흡 쉬고 자신의 감정을 정리하는 것이 중요하다. 배가 고파서 짜증이 난다든가, 가족 문제 때문에 신경이 쓰인다든가, 일에 쫓겨 허둥지둥한다든가와 같은 상황은 의사결정에 직접적인 영향을 미친다. 부디 판단을 흐릴 요소들을 없애고 감정을 정리한 후에 결정을 내리길 바란다.

2장의 실천:
문제의 해상도를 높인다

2장에서는 문제의 해상도에 관해 이야기했다. 평소 업무를 할 때, 막연한 과제를 두고 지나치게 고민하고 있지는 않은지 돌아보자. 예를 들어 당신이 제공하는 서비스의 해약률이 높아지는 경우, 무심결에 이런 모호한 생각을 하게 될지도 모른다.

"과연, 내가 하는 일이 정말로 고객에게 이익이 될까?"

여기서 중요한 것은 문제의 해상도다. 문제에 대해 '할 것인가, 말 것인가'와 같이 구체적인 행동 수준까지 정리해야 한다. 이렇게 문제의 해상도를 높인 후에야 제대로 된 의사결정을 할 수 있다. 방금 언급한 문제를 다시 분석해 보자.

- 해약률을 낮추기 위해 할 수 있는 일은 무엇이 있을까?

이를 바탕으로 가설을 세운 다음, 의사결정을 할 수 있다.

- 신규 고객 발굴보다 기존 고객 관리에 더 많은 시간을 투자하자.

하지만 신규 고객 모집이라는 조직의 목표가 우선되는 상황이라면, 기존 고객의 해약률이 높아져 전체 매출이 떨어진다는 부정적인 정보를 의사결정자에게 정확히 전달해야 할 책임이 생긴다. 그 사실을 바탕으로 의사결정자는 현재 상황을 직시하고 판단해야 한다.

- 현장의 실무자는 기존 고객과 신규 고객 중 누구를 우선해야
  할까?

이때 당신의 머릿속에서 기회 손실이라는 개념이 떠올라야 한다. 지금 하지 않으면 미래에 손해를 본다는 것을 기억하고 몰두해야 한다. 미래를 역산해 지금 바로 결단을 내리자. 일단 결정을 내리면 실무자는 그 방법을 따라야 한다. 그러면 고객에게 이익이 될지 고민했던, 그 애매하고 중요한 문제를

'기존 고객에게 70퍼센트의 시간을 투자하는 영업 전략을 실행하자'라는 구체적인 행동 지침으로 바꿀 수 있다. 이러한 문제는 판단할 정보를 충분히 모은 후 결론을 내려야 하며, 신속하게 의사결정이 이루어져야만 한다. 그래야 실무자들이 빠르게 행동할 수 있다.

회의를 진행할 때 주의해야 할 몇 가지 중요 사항을 다시 떠올려 보자. 우선 의사결정자는 누구인지 명확히 한다. 또한 회의는 모든 사람의 이해를 얻는 과정이 아님을 알고, 정해진 시간과 정보 안에서 한 명의 의사결정자가 결정하도록 한다.

한 번 결정한 것은 탓하지 않는다. 만약 회의 후에도 결정이 어렵다면 의사결정의 세 가지 상자에 넣는다.

반대 의견은 공격이 아님을 명심한다. 리더나 의사결정자는 반대 의견도 하나의 의견이라는 사실을 조직 모두에게 알려야 한다. 이것을 모두가 당연히 받아들일 수 있는 환경도 조성되어야 한다.

마지막으로, 감정에 휘둘릴 때 내리는 판단과 결정은 잘못될 가능성이 높다는 것을 기억한다. 감정이 앞설 때 할 수 있는 행동은 '쿨 다운하기' 하나뿐이다. 본능적인 감정을 따르기에 앞서, 냉정하게 이성적으로 사고하는 것이 판단의 질을 높이고 최선의 결정을 내리는 방법이다.

3장

자신이 결정하지 않는 성역

정보의 노이즈

어째서인지 많은 사람이 주장보다 부주장이 되고 싶어 한다.
자신 위에 누군가 있다는 사실이 책임을 회피할 여지를 준다고 느껴서일까?
하지만 그것은 착각이다.
부주장에게는 부주장으로서 져야 할 책임이 있다.
선두를 피했다고 해서 책임지지 않아도 되는 것은 아니다.
그리고 머지않아 주장이 아니면 할 수 없는 것이 있다는 것을 깨닫게 된다.

무엇이 맞고, 무엇이 틀렸는가?

의사결정은 한정된 정보를 바탕으로 이루어진다. 1장에서 소개한 의사결정의 세 가지 상자에 문제를 넣고 의사결정을 내린다. 그런데 어떤 사람들은 이렇게 생각할 수도 있다.

"과연 수집한 정보가 정말로 정확할까?"

이번 3장에서는 정보의 내용에 대해서 살펴보겠다.

정보가 아닌 것에 주의하기

사람은 세상의 모든 일을 알 수 없다. 업무에서도 각각의 전문 영역이 있고 역할이 나뉘어져 있으며, **자신이 모르는 것을 다른**

누군가는 알고 있다. 그래서 다른 사람으로부터 얻는 정보가 중요하다. 조직에서는 부하 직원이나 팀원으로부터, 바꿔 말하면 밑에서 위로 정보가 모인다. 여기서 주의해야 할 것은, 정보인 것과 아닌 것을 분별하는 능력이다.

"모두 그렇게 말하던데요?"

이 말의 위험성을 깨달아야 한다. 사람들은 종종 주장에 힘을 실으려고 '모두'라는 표현을 쓰기도 한다. 특히 자신에게 유리한 말을 할 때는 더욱 그렇다. 누군가가 '모두'라고 하면 덜컥 걱정부터 하게 된다. 특히 마음이 약한 사람일수록 이런 말에 휩쓸리기 쉽다. **사람은 대개 두세 명으로부터 얻은 정보여도 '모두'라고 표현한다.**

예를 들어, 아는 사람 중에 고위 공무원이 한 명 있다고 하자. 그 사람이 "야근 때문에 매일 자정에 퇴근하고 있어요"라고 말했을 때, 그 말을 어떻게 받아들일까? 보통 사람들은 **고위 공무원들은 다들 그 시간에 퇴근한다**고 생각할 것이다. 이렇듯 단 한 사람의 생생한 목소리는 강한 인상을 남긴다. 나중에 일하는 방식이 바뀌어 고위 공무원도 정시에 퇴근한다는 뉴스를 접해도 **'거짓말, 사실은 다들 밤늦게까지 일하고 있으면서'**라고 생각할 가능성이 크다. 아는 사람으로부터 직접 들었기 때문이다. 하지만 이런 경험이 보편적인 사실이 아닐 수도 있다는 사실을 항상 기억해야 한다.

권위가 있다고 해서 무조건 받아들이지 않는다

같은 맥락에서 '영업팀 에이스 A 씨가 그러던데'와 같은 **특정 개인의 의견을 인용하는 경우도** 조심해야 한다. 의견에 권위성을 부여하고 싶은 마음도 이해는 한다. 다만 타인의 의견은 감상일 뿐 정보가 아니다. 물론 A 씨의 의견이 데이터나 근거가 뒷받침된 사실이라면 이야기는 달라진다. 하지만 이 경우에도 사람이 아닌 사실을 확인하는 것이 중요하다. 잊지 말자. **권위나 경험을 앞세워 의견을 강하게 밀어붙인다고 해서 무조건 받아들이지 말 것.** 이것이 중요하다.

마찬가지로 다수결 방식도 신중하게 접근해야 한다. 학교에서 선생님이 수업을 할지, 말지 아이들에게 선택하게 하면 아이들은 당연히 "하지 말고 놀자"라고 대답할 것이다. 이런 상황에서는 교사가 책임을 지고 수업하기로 결정해야 한다. 앞서 설명한 편향과 마찬가지로 모든 의견에는 사람의 **주관**이 섞인다.

가끔 주변에서 일이 힘들다고 어려움을 토로하는 사람들을 본다. 이때, 단순히 힘들면 그만두라고 권하는 것이 과연 상대를 배려하는 것일까? 사실 '힘들다'라는 말은 감정의 표현일 뿐, 그 안에 담긴 사실을 파악해야 할 필요가 있다. 이를 위해 문제를 다양한 시점에서 바라봐야 한다. 본인이나 동료, 상사, 거래처의 시점처럼 말이다. 상대가 힘들다는 것이 목표가 부담스러워서인지, 동료와의 인간관계가 힘들어서인지 여러 관점에서 분석하고 구체화해야 한다. **사회인이라면 언어화 능력이 필요하다.** 어떤 어려움이 쌓여 힘듦이 되는지, 객관적인 사실을 파악하는 것이 중요하다. 이러한 것들은 모두 의사결정의 판단 재료가 된다.

단어의 모호함에 주의하기

현대 사회는 단언해서 말하지 않는 시대다. 모호한 대화가 오히려 소통을 원활하게 만드는 부분도 있다. 하지만 의사결정이 필요한 비즈니스에서는 **이 모호함을 의식적으로 배제해야 한다.** 앞에서 언급한 '모두', '개인의 감상', '힘들다' 등이 대표적인 예다. 만약 상대방이 모호한 표현을 사용한다면, 이를 구체적인 표현으로 바꿀 필요가 있다.

모호한 표현을 경계하라

모호한 표현을 명확하게 바꾸기 위해서 몇 가지 참고할 사항이 있다. 첫째, 거대한 일반론을 그대로 받아들이지 않는다. 예를 들어, 'MZ 세대는 ○○하다'라는 표현을 보자. 정말로 MZ 세대 모든 사람이 그럴까?

둘째, 개인의 주관을 명확히 한다. '저 사람은 좋은 사람이다', '그 사람 말은 무시하는 게 좋다'는 의견에 구체적인 근거가 있는가? 왜 그렇게 생각하는가?

셋째, 의견을 숫자로 표현하도록 한다. 자주 발생한다거나 가끔 발생한다는 표현은 구체적이지 않다.

이렇게 모호한 표현을 특정하도록 한다. 단순히 얼버무려 적당히 해결하는 것을 막기 위해, 슬쩍 넘어가려는 부분을 날카롭게 추궁하는 것이 필요하다. 이는 상대에 대한 공격이 아니다. 명확한 의사결정을 위해 반드시 필요한 과정이다.

모든 경우의 수를 다 파악할 수 없는 경우도 있다. 다음과 같은 상황을 살펴보자.

- **여성용 상품을 남성에게도 판매한다.**
- **어린이용 제품을 성인에게도 판매한다.**

이런 경우에는 남성이나 여성, 어린이나 성인을 일일이 확인하는 것이 어렵다. 이처럼 대략적인 경향을 고려해야 하는 경우도 있음을 잊지 말자. 그러나 일부러 모호하게 표현하는 부분은 날카롭게 짚고 넘어가야 한다.

사람보다 내용에 집중하라

정보가 정확한지 판단하는 것은 매우 어렵다. 한 가지 요령이 있다면 말한 사람이 아니라 말한 내용을 기준으로 결정하는 것이다. 그 사람의 지위가 아닌, 말의 논리를 파악해야 한다. 이를 위해 다음과 같은 질문을 할 수 있다.

"정말로 그런가?"

"왜 그런가?"

"몇 번이나 발생했는가?"

이 질문을 받는 사람도 그제야 제대로 생각할 기회를 얻게 되는 것이다.

설령 상대방의 지위가 나보다 높다 하더라도 의심하고 덤벼야 한다. 물론 평소 대화를 나누면서 계속 '왜'라고 캐묻는 것은 쉽지 않다. 하지만 비즈니스 상황이라면 확실하게 질문하는 습관을 길러 두어야 한다. 의사결정의 정밀도를 높이기 위해서다.

때로는 개인적으로 좋아하지 않는 사람이 정보를 제공할

수도 있다. 하지만 이 정보가 정확한 사실이라면 공평하게 판단하자. 좋아하는 팀원과 싫어하는 팀원이 모두 경쟁 업체가 가격을 낮췄다고 말한다면, 감정을 배제하고 공정하게 받아들여야 한다. 여기서 상대방과 일정 거리를 두고 공평하게 정보를 분석하는 '리더의 가면'이 요구된다.

업무 현장의 목소리, 전문가의 의견, 신문 등의 미디어에서 얻는 1차 정보처럼 다양한 것들이 정보가 된다. 하지만 비즈니스에서는 '요즘 ○○이 유행이에요'라는 소식을 듣고 움직이면 늦는다. 모두가 알고 난 후에 행동하는 것은 이미 기회를 놓친 것이다. 불확실한 상황에서 움직여야 시장을 선점할 수 있다. 불확실성에 미래를 걸고 위험을 감수하며 선제적으로 판단하는 것이 필요하다.

인과 관계를 틀리지 않는다

정보를 다루는 일은 절대 쉽지 않다. '바람이 불면 나무통 장수가 돈을 번다風が吹けば桶屋が儲かる'는 속담이 있다. 일이 돌고 돌다가 예상치 못한 곳에 영향을 주거나 어떤 결과로 이어진다는 의미다. 그런데 이 돌고 도는 연결 고리의 힘을 지나치게 믿으면 그만큼 위험도 따른다.

억지로 인과 관계를 만들지 않는가?

종종 우리는 경험한 바를 두고 자신이 좋아하는, 나름의 이야기를 만든다.

"텅 빈 가게에 들어갔는데, 갑자기 손님이 몰려들었다."

"우수한 사람들은 모두 동기 부여 수준이 높다. 그러니 일단 동기 부여 수준을 높이면 우수한 사람이 될 수 있다."

모두 전형적인 착각이다. 가게에 사람이 몰린 것은 단순한 우연일 확률이 높고, **일을 해서 결과를 남겼기 때문에 점점 일이 즐거워져 결과적으로 동기 부여 수준이 높아진 것이다.** 이 순서를 착각해서는 안 된다. 이렇게 인과 관계가 성립되지 않는 것에서 원인을 찾아 이야기를 만드는 일이 흔하다.

- **연봉이 높은 사람은 책을 읽는다. 그러므로 책을 읽으면 연봉이 올라간다.**
- **오타니 쇼헤이는 인생 계획표를 작성했다. 우리도 따라 하면 성공할 수 있다.**

둘 다 이상하지 않은가? 연봉과 독서량에는 직접적인 인과 관계가 없다. 인생 계획표를 작성한다고 해서 성공하는 것도 아니다. 물론 항상 모든 것을 직접 확인할 수 없고, 인과 관계 전부를 꿰뚫을 수는 없다. 다만 **사람은 때때로 자신이 원하는 이야기를** 만들어 낸다는 사실을 알고 있어야 한다.

남 탓하지 않는 책임 의식

일이 잘되지 않을 때, '○○ 때문이야'라고 생각하고 싶은 마음도 이해한다. 하지만 사람이나 환경을 탓하며 도망쳐서는 안 된다. **무슨 일이든 자신의 책임을 먼저 생각해야 한다.**

"왜 잘되지 않는 것일까?"

"내가 관리할 수 있는 부분은 어디일까?"

원인은 하나 이상일 수 있다. 만약 원인을 특정했다고 하더라도 그것이 항상 정답일 수는 없다. 끊임없이 생각하며 원인을 찾아야 한다. 상황은 시시각각 변하고 그에 따른 대답도 바뀌기 때문이다. 그래서 계속 의사결정을 해야 한다.

자신이 관리할 수 없는 부분도 분명히 존재한다. 다만 그 부분을 제외하고 자신이 부족했던 부분은 어디이고 바꿀 수 있는 것은 무엇인지 되돌아본다. **반사적으로 다른 사람이나 환경을 탓하지 않는다.** 동시에 자신을 과도하게 자책하는 것도 좋지 않다. 자신의 성격이나 특성을 탓한다고 해서 달라지는 것은 없다. 그럴 때는 구체적인 행동을 되돌아보는 것이 낫다. 구체적으로 분석하면 다음 대책을 세울 수 있다. 반성의 시간을 가졌다면, '이번에는 이렇게 해 보자'라고 결단을 내리고 앞으로 나아간다. 이런 사고 체계를 만들어 습관화하는 것이 중요하다.

사람은 각자의 관점에서 상황을 말한다

같은 상황을 보더라도 관점에 따라 의견이 달라질 수 있다는
것을 수용해야 한다. 사장은 사장의 관점에서, 부장은 부장의
관점에서 생각한다. 신입 사원은 당연히 신입 사원의 관점에
서 의견을 말한다. 각자 위치에 따라 책임과 역할이 다르므로
의견도 다르다. 만약 상대의 의견이 쉽게 이해되지 않는다면
일단 거리를 두고 '이 사람은 어느 위치에 서 있는가?'를 생각해
보자. 이렇게 한발 물러서서 잠시 시간을 가지면 감정을 분리
할 수 있다.

감정의 노이즈를 줄인다

지금까지 이야기했듯이 정보를 바르게 보는 자세가 필요하다. 특히 직장에서는 언제나 많은 정보가 오간다. 그중에는 단순한 소문도 있고 불필요한 감정 요소나 왜곡된 정보인 노이즈도 있다. 정보 속의 노이즈는 어떻게 배제해야 할까?

대처해야 할 일을 확인한다

예를 들어, 다음과 같은 정보가 공유된다고 하자.

"A 씨와 B 씨는 사이가 좋지 않아요. 그래서 같은 팀에 두지 않는 편이 좋아요."

"C 씨가 그만둘 것 같아요. 조금 더 신경을 써 줬으면 좋겠어요."

"D 씨가 일하는 방식은 유치해요. 마음에 안 들어요."

"E 씨의 말하는 방식 때문에 대화하기 힘들어요. 어떻게 해야 할까요."

이러한 내용은 정보라기보다는 노이즈에 해당한다. 모두 개인적인 감상의 영역에 머물러 있기 때문이다. 특히 A 씨와 B 씨의 예처럼, 두 사람의 감정을 배려하는 것은 업무와 관계가 없다. 하지만 C 씨의 경우, 감정적 측면 뒤에 과도한 업무량과 같은 진짜 문제가 숨어 있을지도 모른다. D 씨는 문제를 일으킬 위험이 있는지 지켜보고, 만약 규칙 위반의 소지가 있다면 상사가 개입해 주의를 줘야 한다. E 씨의 말하는 방식도 구체적으로 확인해야 한다. 예를 들어, 회의 중에 상대방을 무시하는 단어를 사용하는 것처럼 결정적인 사항이 있다면 그것은 직장 내 괴롭힘으로 볼 수 있으므로, 당연히 적절한 조치를 취해야 한다. 다만 다양한 성향을 가진 사람들이 모인 곳이 회사 조직이다. 모든 사람의 합이 항상 맞을 수는 없다. **감정적으로 맞거나 맞지 않는 경우는 어쩔 수 없이 발생한다.**

착한 사람은 과부하에 걸린다

사실을 잘 선별하기만 해도 무엇이 올바른 정보인지 판별할 수 있다. 그 이외의 내용은 노이즈로 간주한다. **개인의 감상 수준에 해당하는 노이즈는 무시한다.** 이것만으로도 업무 스트레스가 확실하게 줄어든다. 만약 결정적인 사실이 뒷받침된다면 의사결정자가 책임을 지고 대처한다.

그러나 사람의 착한 본성 때문에 자신도 모르게 어떻게든 도와주고 싶다는 마음이 들기도 한다. 그래서 고민을 들으면 제 일처럼 받아들인다. 언뜻 보기에는 배려심 넘치는 사람처럼 보일지도 모른다. 처음에는 좋은 의도로 시작했지만 계속해서 이런 상황이 반복되면 언젠가는 감당할 수 있는 수준을 벗어나게 된다.

"그 문제는 제가 맡겠습니다."

이런 식으로 모든 문제를 끌어안게 되고, 결국 몸에 무리가 오거나 정신적으로 무너지게 된다. 이런 일이 직장에서 빈번하게 일어나는 이유도 노이즈를 거르지 못했기 때문이다. **노이즈를 노이즈로 인식하고 무시해야 한다.** 노이즈까지 끌어안을 필요가 없다.

노이즈를 무시하는 자세

사람이 감정을 느끼는 방식은 제각각이다. 사람이면 누구나 나름의 감상을 느끼기 마련이다. 다만 이 감상을 노이즈로 구분해야 한다. 모든 노이즈에 반응하면 스트레스가 쌓인다. 이때 **상대방을 설득하려고 하지 않는 자세**를 갖는 것이 큰 장점으로 작용한다. 자신이 마주해야 할 사실만 보자. 시간도, 노력도, 자원도 한정되어 있다. 그것을 어떻게 배분하는가가 중요하다. 따라서 **선을 긋고 무시한다.** 노이즈를 노이즈로 다루는 습관을 들이고 익숙해져야 한다.

1차 정보를 다루는 방법

정보는 직접 찾으러 가야 할까? 이렇게 묻는 이유는 1차 정보를 항상 현장에서 찾으려는 사람이 있기 때문이다. 이들은 직접 눈으로 보지 않으면 직성이 풀리지 않는다고 말한다. 어떻게 하면 1차 정보를 효율적으로 얻고 다룰 수 있는지 이야기해 보자.

현장에서 알 수 있는 것의 한계

물론 현장에서 직접 상황을 살피는 것이 필요할 때도 있다. 다만 **현장을 살피는 일에 지나치게 많은 시간을 투자해서는 안 된**

다. 현장에 갔을 때, 그 사람이 수집할 수 있는 정보에는 한계가 있다. 공장을 견학한다고 해서 그 공장의 모든 것을 알 수 있을까? 아마 중요한 내용만 알 수 있고, 세세한 부분까지는 다 알 수 없을 것이다. 현장은 현장에서 일하는 사람들이 더 잘 안다.

더욱이 현장에서는 어느 정도의 대비가 이루어진다. 예를 들어, 요식업 업체 사장이 매장을 시찰하는 모습을 상상해 보자. 표면상으로는 불시 방문이다. 하지만 점장에게 불시 방문 정보가 사전에 전해질 가능성이 크다. 매장은 평소보다 더 꼼꼼하게 관리될 것이다. 더 깨끗하게 청소하고, 고객에게 좋은 서비스를 제공하며 더 친절하게 인사한다. 이때 사장이 얻는 정보가 정말로 정확한 1차 정보일까? 따라서 현장에 직접 찾아가는 것이 항상 정답은 아니다. **어느 정도는 현장에 맡기는 것이 더 나을 수 있다.**

어떤 정보든 보고할 수 있는 환경

"그렇다면 좋은 정보만 윗선에 보고하지 않겠어요?"

누군가는 이렇게 반문할 것이다. 하지만 한번 생각해 보자. 현장에서 문제가 발생하면 직원들이 바로 해결해야 한다. 해결하기 위해 윗선의 판단을 요청해야 할 때도 있다. **즉 현장의 책임에서 벗어날 수 없다.** 만약 부정적인 정보를 보고도 모른 척하면 결과적으로 본인이 책임을 지게 된다. 자신의 책임을 마주했을 때, 어떤 정보든 보고할 수 있게 된다.

"직원 수가 부족합니다."

"교육을 위한 연수가 필요합니다."

"근처에 경쟁 업체가 새로 생겼습니다."

이런 정보는 윗선에 보고해야 한다. 그렇지 않으면 매출을 달성하지 못하거나 사업이 실패하는 등 **책임져야 할 일이 발생할 수 있다.** 현장에서는 이를 바탕으로 의사결정자에게 대책을 요구할 수 있다.

"근처에 생긴 경쟁 업체가 어떤 상황인지 보러 가야겠군."

이 정도는 의사결정을 내리기 전에 필요한 과정일 수 있다. 하지만 시간을 너무 오래 쓰지 않는 것이 중요하다. **의사결정의 세 가지 상자**를 활용하되, 무엇보다도 각각 자신의 책임을 완수하기 위해 자연스럽게 정보를 보고할 수 있는 직장을 만드는 것이 중요하다. 현장의 문제점을 숨겨서 곤란해지는 것은 결국 해당 현장에 있는 자신이다.

현장에 가야 할 때

어떤 영업팀의 리더는 팀원의 보고를 받고 이렇게 생각했다.

"회의에서 받은 보고 내용과 사실 사이에 괴리가 있다."

보고한 직원은 보고를 들은 상대방이 기대하게 만드는 재주가 있는 듯하다. 이럴 때는 주의를 줄 필요가 있다. 회의에서는 과정이 아닌 결과만으로 변화를 기대하게 해야 한다. 위의 예로 든 경우는 실제와 보고 내용 간의 괴리가 커 상사와 동료들이 지나치게 기대하게 만든다.

이때 가장 효과적인 방법은 고객과의 회의에 상사가 동석하는 것이다. 실제 진행 과정을 확인해야 문제의 근본 원인을 파악할 수 있다. 다만 이 방법은 최후의 수단이며, 가끔 실시했을 때 효과적이다. 직접 확인해야 할 정보가 있지만, 이를 모든 경우로 확장해 일반화해서는 안 된다. 모든 회의에 상사가 함께 참여할 수도 없다. 이는 최소한으로 유지하되 수정할 부분을 찾아 계획을 세운다. 이처럼 유연하게 대응하는 것이 중요하며, 가능한 한 1차 정보를 찾으러 직접 가지 않는 것이 이상적이다. 현장을 신뢰하고 책임과 권한을 부여하는 것이 원활한 조직 운영의 열쇠다.

자신이 결정해서는
안 되는 성역

3장에서 의사결정에 필요한 정보를 살펴본 이유는 자신이 결정해서는 안 되는 성역에 대해 **'자신이 결정하지 않기로 결정'**하는 것을 이야기하고 싶었기 때문이다.

자신이 할 수 있는 것을 한다

한 회사의 직원이 되면 경쟁 업체의 상품을 자주 살펴보게 된다. 그러면서 아무렇지도 않게 왜 우리 상품은 팔리지 않는지 궁금해한다. 그들은 이렇게 생각한다.

"개선점을 공유하면 좋을 텐데."

자신이 맡은 책임에 따라 사람을 모아 변화를 불러올 수 있다. 해 보지도 않고 단순히 불평만 늘어놓는 구성원이 되지 않길 바란다. 정말로 타사의 제품이 더 좋다고 생각한다면 이 직하거나 직접 사업을 시작할 수도 있다. 하지만 가장 먼저 해야 할 일은 지금 있는 곳에서 할 수 있는 일은 무엇이 있는지 고민하는 것이다. 말하는 것만으로는 바뀌지 않는다. 즉시 행동으로 옮기자.

책임과 권한이 사람을 움직인다

의사결정을 하기 위해서는 **책임과 권한이 일치되어야 한다.** 이해하기 쉽게 2인 조직을 예로 들어 보자. 한 명은 책임자 또 다른 한 명은 실무자다. 두 사람 사이에는 상하 관계가 생기지만 이는 인간적인 위계질서가 아닌 맡은 직무로서의 관계다. 우선 책임자의 책임을 명확히 결정한다. 무엇을 완수해야 하는지 문서로 작성하면 팀의 매출 목표 같은 요소들을 쉽게 파악할 수 있다. 이렇게 하면 책임자는 스스로 책임에서 도망칠 수 없고 실무자에게 책임을 떠넘길 수 없다. 즉 실무자 탓으로 돌리는 일이 없도록 책임자는 자신에게 주어진 책임을 기준으로 규칙을 정해야 한다.

목표를 달성하기 위해 실무자에게 **권한을 주는 것도** 의사 결정의 방법의 하나다. 자유와 권한은 다르다. 마음대로 하게 만들어 망설이게 하는 것이 자유라면, 어느 정도의 범위를 정하고 그 이후는 실무자에게 맡기는 것이 권한이다. 어느 정도 자유롭게 움직일 수 있는 틀을 만들고 그 범위 안에서 결정권을 준다. 가드레일을 생각하면 이해하기 쉽다. 가드레일이 있는 도로에서는 안심하고 운전할 수 있다. 이처럼 안전한 틀을 만든 다음 실무자를 믿고 맡긴다. 결과가 나오지 않을 때는 리더가 책임을 진다. 리더로서 각오해야 할 부분이다. 또한 어떻게 하면 순조롭게 진행될 수 있는지 개선점을 찾아 다음 의사결정을 내린다.

의사결정의 축이 된다

이번에는 실무자의 관점에서 살펴보자. 의사결정의 책임은 상사가 진다. 이때 실무자에게는 **실행하는 책임**이 생긴다. 즉 정해진 범위 내에서 맡겨진 일을 해야만 한다. 이 과정에서 주어진 권한을 행사하며 시행착오를 거치고 PDCA를 반복한다. 다만 의사결정의 책임까지 실무자가 맡게 되면 실행이 어려워진다. 실무자가 상사의 지시대로 실행했음에도 결과가 나오지 않았다면, 그것은 상사의 책임이다. 이때 해야 할 일은 의사결정 과정을 개선하는 것이다. **책임 소재와 범위를 분명히 하고 문서로 작성하는 과정이 필요하다.** 이 과정을 거쳐야 비로소 완벽한 의사결정이 가능하다.

결정하지 않는 의사결정

의사결정에서 가장 큰 문제는 책임을 떠넘기는 것이다. 조직에서 일하는 이상, 직원들은 각각 어떤 책임을 지게 된다. 문제는 책임과 권한이 일치하지 않을 때 발생한다. 결국 변명을 하게 된다. 따라서 조직을 효과적으로 운영하기 위해서는 각사람의 책임과 권한이 합치된 상태여야 하며, 이를 모든 구성원이 인식하고 있어야 한다. 책임이 권한보다 크면 책임에 걸맞은 권한을 행사하지 않는 면책 상태에 해당한다. 반대로 권한이 책임보다 크면 책임을 넘는 권한을 사용하는 무책임 상태다. 각 상황을 자세히 살펴보자.

면책 상태

현장의 실무자가 직접 결정해야만 하는 일이 있다. 예를 들어, 매장에 POP 광고를 만든다고 하자. 이런 결정에는 정답이 있는 것도 아니다. 현장에서 일하는 사람도 처음에는 분명 불안해할 것이다.

"이렇게 화려하게 만들어도 괜찮을까요?"

"빨간색 광고지와 파란색 광고지 중 어느 쪽이 보기 좋을까요?"

현장의 실무자는 어쩌면 누군가가 결정해 주길 바랄지도 모른다. 이는 본인에게 권한이 있지만 그것을 행사하지 않는 상태다. 만약 직원이 이렇게 묻는다면, 점장은 어떻게 대답해야 할까?

"당신이 좋다고 생각하는 쪽으로 결정하세요."

이렇게 **직원에게 권한이 있다고 명확히 알려 줘야 한다.** 이것이 현장의 실무자를 성장시키는 데 필요한 간섭과 독립 사이의 균형이다.

다만 자상한 성격의 상사라면 그 균형을 유지하기 어려울 수도 있다. 선의라고 생각해 조언하기도 한다. 그 **선의가 성장을 방해**한다는 사실을 모른 채 말이다.

어떤 기업의 사장과 영업부장을 예로 들어 보자. 사장에게는 시장의 평가를 얻어야 할 책임이 있다. 그래서 영업부장에게 영업부로서 매출을 낼 책임을 부여한다. 동시에 대상 기업을 결정할 권한도 준다. 여기까지가 사장이 내린 의사결정이다. 이 의사결정에 따라 영업부장은 권한을 행사하여 대상 기업을 정해야 한다. 만약 영업부장이 부동산 업계를 대상으로 하겠다고 하면, 그대로 의사결정이 이루어져야 한다. 하지만 이때 사장이 개입하면 주어진 권한이 힘을 잃는다.

사장은 권한을 주겠다는 의사결정을 지키고 영업부장은 대상을 결정하는 권한을 행사해야 한다. 즉 사장은 **맡겨야 하고** 영업부장은 **스스로 결정해야** 한다. 앞서 나온 매장의 POP 제작 사례에서도 마찬가지다. 점장이 직원의 결정에 개입하거나 사장이 대상 기업 선정에 참견하는 것도 권한을 빼앗는 일이다. 직원이 상담을 요청하면, 순간 '내가 없으면 안 되네'라며 좋아할지도 모른다. 하지만 이것은 실제로 직원의 권한을 빼앗는 일이다.

무책임 상태

반대로 무책임에 대해 살펴보자. 무책임 상태란, 권한이 없지만 결정해 버리는 것이다. 즉 자신의 권한을 뛰어넘는 행위다.

POP 제작 상담을 받은 점장이나 영업부장에게 참견하는 사장과는 다른 문제다. 보통 이런 문제는 동료 간에 발생한다. 예를 들어, 숙련된 아르바이트 직원이 있다고 하자. 어째서인지 그 사람과 전혀 관련 없는 업무라도 그에게 의견을 묻는 분위기가 형성되어 있다.

"이번 POP 광고, 이 시안으로 진행해도 괜찮을까요?"

"글자 크기를 조금 더 키워야 눈에 잘 띄지 않을까요?"

만약 조언받은 내용대로 수정했는데 결과가 좋지 않다면 과연 아르바이트 직원이 책임을 질 수 있을까? 불가능하다. 조언을 들은 사람도 그저 조언을 따랐을 뿐이라며 **실패에 대한 책임을 미루게 된다.** 이 아르바이트 직원의 행위가 바로 무책임 상태다. 결국 책임 소재는 불분명해지고, 조직은 혼란에 빠지게 된다.

승인 욕구와 싸워야 한다

무엇을 결정하고 무엇을 결정하지 않을 것인지 그 기준선을 확실히 그어야 한다. 그래야 본래 책임자의 입장이 명확해지고 주어진 재량 안에서 의사결정을 내릴 수 있다. 하지만 조직의 윗선에 서게 되면 여러 가지 유혹이 생긴다.

"내가 훨씬 더 많은 경험을 했어. 그런 내게 의견을 물어오면 기분이 좋아져."

이때 승인 욕구에 휘둘리면 안 된다. 책임에 대한 변명의 구실을 만들지 못하도록 해야 한다. 그 이상은 결정하지 않겠다고, 나머지는 권한이 있는 당신에게 맡기겠다고 확실하게 말해야 한다. 이 결단이 조직을 강하게 만든다.

권한을 주지 않는 사람

마지막으로 왜 권한을 주지 않는 일이 발생하는지 이야기하겠다. 권한을 주지 않으면 어떤 일이 일어날까? 그 배경에는 자존심이 얽혀있다.

성장을 위한 권한 나누기

"새로운 일을 시작하고 싶은데 해도 괜찮을까요?"

누군가에게 이런 질문을 받는다면 어떤 생각이 들겠는가? 아마 '내가 꽤 중요한 위치에 있구나'라며 우월감을 느낄 것이다. 사람들이 **내게 의지한다고** 생각하며, **권력을 가지고 있다고**

착각한다. 자존심이 가득 채워지며 기분이 좋아진다.

"저 직원도, 이 회사도, 내가 없으면 안 돼."

이런 감정은 착각일 뿐이다. 이 상태가 지속되면 아랫 직원
은 성장할 기회를 얻지 못하고, 조직은 더 이상 발전하지 못한
다. 사람은 누구나 자신의 존재 의의를 높이고 싶어 한다. 또
자존심이 상처받는 일은 만들고 싶어 하지 않는다. 그러나 이
감정은 조직 운영에는 쓸모가 없다. **권한을 주지 않는 것은 그
것만으로도 조직을 망치는 행위다.**

책임 회피의 유혹

"당신이 모든 책임을 지시겠습니까?"

이 말을 들으면 누구도 선뜻 '네'라고 답할 수 없을 것이다.
이는 주장이 되는 대신 부주장이 되려는 것과 같다. 부주장은
사람들 앞에 나서는 위치지만 주장에 비해 책임이 없는 것처
럼 보이기 때문이다. 책임이라는 말에는 부정적인 이미지가
따라온다. 하지만 여기까지 읽었다면, 그 이미지가 완전히 뒤
집혔을 것이다. 책임을 진다는 것은 스스로 결정할 수 있는 것
을 의미한다. 위험을 감수하면 큰 성공을 얻을 수 있고, 실패
하면 자신의 탓으로 돌리며 다시 성장하는 계기가 될 수도 있

다. 어느 쪽으로든 실패해도 좋다. 회사라는 조직에서 한 번에 완전히 무너지는 실패는 그리 쉽게 발생하지 않는다. 기껏해야 평가 결과가 조금 낮아질 뿐이다. 기회는 다시 주어진다. 내 탓을 긍정적으로 받아들이자. **이런 사고방식은 일을 즐겁게 만든다.** 해 보길 잘했다고 생각하는 사람은 결국 성장한다.

3장의 실천:
노이즈 배제

3장에서는 의사결정에 필요한 정보에 섞인 노이즈에 관해서 설명했다. 사람은 모든 정보를 알 수 없으며, 자신이 모르는 내용은 다른 사람이 알고 있다. 그래서 다른 사람의 정보가 중요하다. 조직에서는 보통 아래에서 위로 정보가 모인다. 다만 무엇이 정보이고, 무엇이 정보가 아닌지 분별할 필요가 있다. 특히 상사와 아랫 직원 간의 소통에서는 노이즈를 걸러 낼 줄 알아야 한다.

"상대방에게 제안하는 메일을 이렇게 긴 문장으로 써도 괜찮을까요?"

아마 이런 질문을 들으면 무심결에 대답해 주고 싶어질 것이다. 만약 질문한 사람이 신입 사원이라면 처음에는 확인해 줄 필요가 있지만, 매번 확인해 줘야 할 사안은 아니다. 때로는 아랫 직원의 메일을 확인하고 과거의 자신이 저질렀던 실수를 발견하기도 한다. 그때마다 조언한다면, 그의 실패 경험을 빼앗는 행위다. 물론 위험 부담이 큰 업무라면 상사의 확인이 필요하다. 그러나 보통의 업무라면 실무자에게 맡겨야 한다.

아랫 직원의 지나친 보고가 노이즈가 될 때도 있다.

"고객을 위한 이벤트를 정기적으로 개최하고 있습니다. 그렇지 않아도 바쁜데 집객 효율이 좋지 않을 때도 많습니다. 대책이 필요합니다."

이 경우 바쁘다는 것은 개인의 감상으로 노이즈에 해당한다. 그러므로 무시하고 넘어가야 한다. 중요한 것은 집객 효율이 좋지 않은 이벤트가 있다는 사실이다. 이 경우라면 다음과 같은 의사결정을 내릴 수 있다.

"어느 수준 이상의 고객 유치가 예상되지 않는 이벤트는 중지하도록 한다."

물론 이벤트에 다른 장점이 있다면 이벤트를 계속 진행해도 된다. 어느 쪽이든 감상이 아닌 확실한 사실을 직시하고 판단해야 한다. 직장에서는 항상 많은 정보가 오간다. 이 중 감상 수준의 노이즈는 무시한다. 결정적인 사실을 근거로 갖는 정보만을 의사결정자가 책임을 지고 처리한다. 이 두 가지 원칙이 문제를 해결하는 핵심 요소다.

또한 모든 사람을 설득하려는 태도를 버리자. 마주해야 할 것은 오직 사실뿐이다. 시간도, 노력도 한정되어 있다. 예를 들어, 영업 부서와 개발 부서 간 회의가 열린다고 하자. 일반적으로 두 부서의 부장, 과장 등 많은 사람이 모여 의사결정을 내린다. 그러나 회의에 참석하는 인원이 많아지면 노이즈가 증가할 확률이 높다. 이럴 때는 어떻게 해야 할까?

"두 부서장의 상사가 의사결정권자가 되고, 회의는 부장만 참석하도록 하며 과장 이하는 정보를 공유받기로 한다."

이렇게 하면 불필요한 논의를 줄이고 의사결정을 빠르게 내릴 수 있다.

같은 내용을 보더라도 각자의 입장에 따라 의견이 달라질 수밖에 없다. 이것을 받아들여야만 한다. 각각의 책임이 다르기 때문에 판단 기준도, 의견도 다를 수밖에 없다. 만약 상대방의 말을 납득할 수 없다면 일단 거리를 두고 상대방의 입장을 상상해 본다. 잠시 시간을 가지면 감정을 분리할 수 있다. 모든 일에는 다양한 시각과 주관이 개입한다. 주관의 이면에 있는 사실을 찾자. 이러한 사실이 모여야 완벽한 의사결정의 판단 재료가 된다.

마지막으로 모호한 표현을 특정해 구체적으로 표현한다. 근거가 없는 정보에 대해서는 구체적인 정보를 얻을 때까지 묻는다. 이러한 질문을 받은 사람도 그 질문을 받고서야 비로소 자신의 의견을 검토하게 된다. 무조건 정보를 받아들이기보다 계속 질문하고 의심해야 한다.

4장

용기라고밖에 말할 수 없는 것

불확실성이 또다시

모르는 것을 인정하는 것은 두렵다.
바보처럼 보이고 싶지 않아 아는 척하고 싶다.
그런데 세상에는 흑과 백처럼 명확하게 구분되는 것만 존재하지 않는다.
혹시 모르는 것을 얼버무리기 위해 검토하겠다고 말하지 않는가?
그런 게 아니라면 당당하게 '모른다'라고 말할 수 있는가?
이 두 가지는 겉보기엔 비슷해 보이지만 본질은 전혀 다르다.

머리 좋은 사람이
반드시 옳은 것은 아니다

이론은 위대하다. 이론대로 실행할 수 있다면 성과를 얻을 수 있다. 하지만 이론에도 한계가 있다. 무슨 말일까?

위험을 감수하라: 나의 창업기

앞선 장에서도, 지금까지 쓴 책에서도 나는 항상 이론을 전제로 이야기해 왔다. 필요하다면 편향 등의 개념도 공유했다. 하지만 항상 의식적으로 이론을 적용하며 일하는 것에는 한계가 있다.

나는 26세에 대기업을 그만두었고, 35세에 창업했다. 당연히 이론적으로 접근한 부분이 있었다. 하지만 그것이 100퍼센트 정답이냐고 묻는다면, 단언할 수 없다. 앞에서 이야기한 객관식 시험의 예처럼, '잘 알 수 없다'라는 벽에 부딪혔다. 위험을 감수해야만 하는 영역이 있었다.

마지막 한 걸음: 이론이 아닌 용기

이번 4장에서 강조하고 싶은 키워드는 불확실성이다. 이 책을 읽고 있는 독자 대부분은 신중한 성격을 지녔을 것이다. 그러나 불확실성에서 벗어날 수 없다는 것은 수없이 반복해도 지나치지 않다.

이 책을 쓰면서 가능한 한 정신론을 배제하고 이야기하려 했다. 하지만 이 부분만큼은 정신론으로 설명할 수밖에 없다. 의사결정을 내리는 행위까지는 이론으로 설명할 수 있지만, 마지막에는 용기를 내야만 하는 순간이 온다. 때로는 해 보지 않으면 모른다는 마음을 인정할 수 있어야 한다.

대기업을 그만두고 창업했을 때, 나는 이렇게 생각했다.

"이대로 가만히 있는 것이 더 위험해. 하지만 잘될 거라는 확신도 없어. 결국 용기를 내서 결단할 수밖에 없네."

이것이 내가 내린 결론이었다. 그래서 나는 행동으로 옮겼다. 물론 안정적인 월급을 포기해야 했지만, 그 위험을 안고서라도 더 큰 가능성을 위해 움직였다. 그 결과, '식학'을 하루빨리 사회에 정착시키고 싶다는 비전이 생겼다. 이를 위해 행동하지 않는 것이 오히려 이상하게 느껴졌다.

의사결정의 진짜 시작은
결정한 후부터

앞서 PDCA의 단일 순환에서도 이야기했듯이 무언가를 결정한 후에는 실행하는 단계로 넘어가야 한다. 이때 고려해야 할 점에 대해 알아보자.

의사결정의 진실

앞서 내가 이직과 창업을 결정한 순간을 이야기했다. 누구든 "그때 그 일이 내 삶의 터닝 포인트였어"라고 말하는 순간이 있다. 모 아니면 도였지만, 해 보길 잘했다고 생각하는 순간이다. 이때 중요한 것은 결정을 내리는 '순간'일까? 사실 정말 중요한 것은 결정 '이후'다. 누군가는 지금까지 이야기해 온 것을 부정하는 것이 아니냐고 물을지도 모른다. 물론 결정하는 것은 중요하다. 하지만 결정한 이후도 역시 중요하다.

터닝 포인트의 실체

터닝 포인트에는 특징이 있다. 그 시점이 진짜 터닝 포인트인지 아닌지는 나중에 알게 된다는 것이다. 처음 의사결정을 내릴 때는 그 순간이 터닝 포인트인지 아닌지 알 수 없다. 시간이 흐르고 직접 행동했을 때 비로소 알 수 있다. 성공하면 터닝 포인트라며 의미를 부여할 수 있고, 실패하면 다음에 다시 활용할 수 있게 수정한 후 다시 도전하면 된다. 세상의 성공 스토리는 대부분 이런 구조로 이루어져 있다.

잊지 말자. 정보를 파악해야 하고, 실패를 고려한 시뮬레이션도 필요하다. 마지막 순간에 남는 것은 용기다. 실행으로 옮겨 어떻게든 성공으로 이끌어야 한다. 이것이 의사결정의 진리다.

감이라고
말하면 된다

발생할 수 있는 거의 모든 위험에 대해 충분히 생각하고 고려했다면, 이젠 경험의 단계로 넘어갈 차례다.

경험한 일은 말할 수 있다

사업을 하다 보면 운용하는 돈의 규모가 점점 커지는 것을 실감하게 된다. 처음에는 1만 엔이나 10만 엔을 쓰는 것에도 긴장하지만, 점차 100만 엔, 1,000만 엔, 1억 엔의 예산을 다루게 된다. 이 과정에서 어느 정도 액수의 돈이면 어떤 일을 할수 있겠다는 감각을 얻게 된다. 시뮬레이션만으로는 깊이 이해하기 어려운 영역이다. 눈을 감고 상상하면 누구나 번지점프를 할 수 있다. 하지만 실제로 뛰어내려야 한다면 어떨까? 결국 어떤 일이든 자신의 직접 경험한 것만을 공유하고 이야기할 수 있다. 경험하지 않고 이야기하는 것은 설득력이 부족할 수밖에 없다.

감에 의지하는 영역

지금껏 책임을 맡았으면, 근거가 부족하더라도 자신의 권한으로 의사결정을 해야 한다고 강조했다. 마지막에 감에 의존해야 하는 순간이 왔을 때, "이건 제 감인데요. 해 봐야 알 것 같습니다"라고 명확하게 인정해야 한다. 모호한 언어로 표현하지 않고 솔직하게 말해야 한다.

예를 들어, 뉴스에서 강수 확률이 30퍼센트라고 예보했다고 하자. 이것은 사실에 기반한 정보다. 당신은 예보를 보고 우산을 챙길 것인지, 말 것인지 결정해야 한다. 과거의 경험을 기반으로 강수 확률이 30퍼센트였을 때 비가 왔었다면 우산을 챙길 것이고, 비가 오지 않았다면 우산을 챙기지 않을 것이다. 여기에 정보를 더 모아 다른 일기 예보를 확인하거나 전문가의 의견을 들을 수 있다. 하지만 시간은 한정되어 있기에 결국 자신의 '감'에 따라야 한다. "강수 확률이 30퍼센트이니 우산은 가져가지 않을래." 이렇게 결정에 대한 책임 소재를 명확히 하고, 찬반양론 속에서 최선의 답을 찾는다.

무의미한 변명은 버린다

완벽한 결론은 존재하지 않는다. 100퍼센트 올바른 결론을 도출하는 것은 불가능하다. 일단 먼저 결론을 내리는 것, 그리고 그 결론이 잘못될 가능성을 인정하는 것이 중요하다. 동시에 잘못된 결론이었다 해도, 반대 의견을 말한 사람이 결정을 내린 사람보다 더 낫거나 위대한 것은 아니라는 점을 상기하자. 사실을 토대로 의사결정을 내리면, 결정 과정을 되돌아볼 수 있다.

또한 감으로 결정한 부분은 인정해야 한다. 변명의 여지는 없다. 변명은 누구를 위한 것이라 생각하는가? 대부분 변명은 자신을 지키기 위해서 한다. 하지만 생각해 보자. 제삼자의 변명을 듣고 싶은 사람은 없다. 이를 잘 알면서도 막상 자기 일이 되면 무의식적으로 변명을 하게 된다. 변명한다고 사실이 달라지진 않는다.

거절할 때 필요한 용기

사람은 연약한 존재다. 자꾸 뒤로 미루고 싶어 하고 나중에 결정하겠다며 상대방이 그 일을 잊기를 바란다. 하지만 의사결정에서 이것만큼 나쁜 경우는 없다.

기대하게 만드는 것의 불편함

완벽한 의사결정이란 즉흥적인 판단으로 주변을 휘두르는 것이 아니다. 안 되는 일은 안 된다고 확실하게 말해야 한다. 이 과정에서 심리적 갈등이 발생할 수 있다.

"팀원의 제안을 거절하면 그만둘지도 몰라."

"안 된다고 말하면 직장 내 괴롭힘이 되는 건 아닐까?"

이런 걱정은 초점이 어긋난 생각이다. 팀원의 퇴사를 걱정할 필요도 없고 직장 내 괴롭힘도 아니다. 이보다 애매하게 기대하도록 만들어 놓고는 뒤로 미루는 것이 더 나쁘다. 나중에 할 거라며 붙잡아 두는 것이 더 큰 문제를 초래하기도 한다. 이럴 때는 팀원에게 현재의 정보로는 판단하기 어렵다고 확실하게 말하자. 정보 부족 상자에 넣는 것이다. 이렇게 명확하게 정리해야 팀원은 다음 행동에 100퍼센트 집중할 수 있다.

최소한의 매너를 지킨다

거절할 때는 직설적인 표현을 피하고 부드럽게 말하는 편이 좋다. 에둘러 말할 필요는 없지만 최소한의 예절은 지키자. 만약 상대의 제안을 거절해야 할 경우, 감사 인사와 함께 거절 의사를 전달하는 것이 좋다. 만일 이메일을 보낸다면, 거절의 이유나 변명 등을 길게 쓰기보다 가능한 한 빠르게 거절 의사를 전해야 한다. 이것이 오히려 진정한 배려다.

판단은 타이밍에 따라 바뀐다

의사결정은 타이밍이 중요하다. 환경과 상황이 바뀌면 판단도 바뀔 수 있다. 한 번 아니라고 말했다고 해서 평생 아닐 필요는 없다.

"그때는 안 된다고 하셨잖아요!"

이런 무의미한 논쟁은 불필요하다. 상황이 다를 수 있기에, 지금은 생각이 바뀌었다고 말하면 된다. 이런 유연함이 있어야 완벽한 의사결정을 할 수 있다. 잊지 말자. 우리는 항상 불확실성 속에 살고 있다. 의견이 바뀌는 것은 자연스러운 일이다. 때로는 일관성이 없다고, 오락가락하는 사람이라고 비난받을지도 모른다. 하지만 자신만의 원칙과 논리로 무장한 일관성을 갖고 있다면 주변 시선을 크게 신경 쓰지 않아도 된다. 다른 이의 이해는 필요하지 않다. 어쩌면 이것이 '리더는 고독하다'라고 말하는 이유일지도 모른다.

비난받은 사람이야말로
가치가 있다

2장과 3장에서 이야기했듯이, 의사결정은 장점과 단점을 비교하는 과정이다. 어느 쪽이 더 나은지 결정해야 하며, 마지막에는 용기를 내야만 한다. 순서를 다시 점검해 보자.

① 취향이나 감정으로 결정하지 않는다.
② 논리적, 객관적인 정보를 수집하고 검토하며, 싫어하는 사람이 말한 의견도 올바른 정보라면 채택한다. 이때 좋아하는 사람이 말한 정보라도 노이즈에 해당한다면 무시한다.
③ 객관적인 사실을 모으고 비교한 후, 마지막에 용기를 낸다.

이것이 리더의 역할이다. 컴퓨터가 아닌 오직 인간만이 할수 있는 일이다. 그래서 의사결정은 재미있다.

자신감이라는 말 뒤로 숨지 말자

불확실성이 큰 판단을 해야 할 때, 사람들은 소위 미신에 의지하고 싶어 하거나 멘토에게 조언을 구하고 싶어 한다. 이는 의사결정에 따르는 중압감 때문일지도 모른다. 그렇다고 과거방식을 고집하거나 타성에 젖은 채 변화를 거부하면 안 된다. 이러한 유혹에서 과감히 벗어나자.

이때 자신감이라는 단어에 속으면 안 된다. 장점과 단점을 고려하기도 전에 '근거 없는 자신감'을 내세우며 생각을 포기하기 때문이다. 다 괜찮을 거라며 쉽게 낙관하는 것은 의사결정이 아니다. 근거 없이 자신을 정당화하는 태도는 자신감이 아니다. 무언가가 맞다고 자신만만하게 이야기하지 말자. 장점과 단점을 충분히 고려하고 결정하는 강단과 틀린 것을 인정하는 용기가 필요하다. 쉽게 자신감이라는 단어 뒤에 숨지말자.

"잘될 줄 알았어"라고 말하게 하자

의사결정에서 중요한 것은 찬성하는 사람의 숫자나 모든 사람의 동의가 아니다. 명확하고 올바른 정보를 바탕으로 최선의 판단을 내리는 것만이 중요하다. 앞서 이야기한 바와 같이, 사람은 상황을 보고 태도를 결정한다.

처음에는 반대하다가 일이 잘된 것을 보고 "성공할 줄 알았어"라고 말하는 사람들이 있다. 상황을 보는 것이다. 하지만 이 말에 휘둘릴 필요는 없다. 일이 잘 진행되면 평가는 쉽게 뒤집힌다. 처음부터 모든 사람의 이해와 동의를 얻으려 하지 말고, 움직여 결과를 얻자. 그러면 처음에 찬성하지 않았던 사람도 "잘 될 줄 알았어"라고 말하게 될 것이다. 반대 의견과 비난을 감내하는 사람이야말로 가치가 있다.

결국 책임지고 의사결정을 내리는 사람, 결과를 내는 사람이 조직에서 승승장구할 것이다. 반대로 상황을 보며 태도를 결정하는 사람은 성장하지 못한다. 당신은 어떤 위치에 서고 싶은가?

또 하나의
용기에 대하여

의사결정을 내릴 때 필요한 용기가 있다. 바로 '인정하는 용기'다.

환경이 사람을 바꾼다

우선 결단을 내리고 앞으로 나아가자. 실수했다면 인정하고 다음 결단을 내리자. 실수나 잘못을 인정할 때는 용기가 필요하다. 결코 쉬운 일은 아니지만 인정하지 않으면 현실과 마주할 수 없다. 그런데 왜 우리는 용기를 낼 수 없을까? 그것은 틀렸다고 인정하는 순간 자신을 가치 없는 존재라고 여기는 환경 때문이다. 유년 시절부터 실패했을 때 비난을 받은 사람은 부모나 교사, 상사와의 관계에서 '인정'이라는 선택지를 빼앗긴 것과 다름 없다.

조직은 개인의 실수를 받아들이고 잘못을 인정하는 환경을 제공해야 한다. 당신의 팀은 어떠한가? 환경을 점검하기만 해도 조직이 얼마나 건강한지 가늠할 수 있다.

규칙에 따라 구조화한다

실패를 인정하는 데는 끊임없는 용기가 필요하다. 실패를 허용하기 위해서는 사무적인 규칙으로 바꾸는 것이 효과적이다. '담담하게 확인한다'라는 규칙을 만들자.

일이 잘 풀리면 생색을 내고, 실패하면 다른 사람을 탓하는 것은 사람의 본능인 것 같다. 이에 맞서려면 평가자인 상사는 다음 과정을 차분히 확인해야 한다. 감정을 앞세워 평가하는 것이 아닌 단순한 사실 확인이다.

같은 방식으로 여러 번 실패했다면, 방식을 바꿀 때가 온 것이다. 자신의 방식이 잘못되었음을 인정하는 일은 자기 생각을 깨뜨리는 것이기에 매우 힘들고 어렵다. 실망스럽고 부끄러울 것이다. 그 때문에 실패를 감추고 싶은 욕구가 강해진다. 그러나 실패를 인정하지 않으면, 그 과정에서 우리는 아무 것도 배울 수 없다. 오히려 더 나쁜 결과를 초래할 수도 있다.

　그래서 감정을 배제한 논리적 접근이 필요하다. 상황을 낙관적으로 볼 것인지, 비관적으로 볼 것인지에 관한 질문을 종종 받는다. 정답은 어느 한쪽으로 정해진 것이 아니다. 상황에 따라 다르게 보일 뿐이다. 중요한 것은 언제나 냉정하게 사실과 마주하는 것이다.

용기의 장벽을 낮추는 방법

의사결정 과정에서 '용기'를 내야 할 단계에 도달했다. 앞서 이야기한 **'상황을 보고 태도를 결정'**하는 것에 다시 한번 마주해야 할 때다. 여기서 장벽을 낮추는 방법을 소개한다.

중대한 의사결정과 마주하는 방법

결정하기 쉬운 일인지 아닌지 가늠해 볼 수 있는 질문이 있다. 바로 다시 할 수 있는가, 없는가이다. 바꿔 말하면, 다시 할 수 없는 중요한 결정일수록 의사결정이 어렵다. 예를 들어, 결혼 상대를 정하거나 어느 회사에 입사할지 결정하는 일들이 그렇다. 다시 되돌릴 수 없기에 아주 신중해야 한다. 만약 다시 할 수 있는 결정이라면 즉시 결정 상자에 넣고 빠르게 실행한다. 중요한 결정이지만, 아직 정보가 부족하다면 정보 부족 상자나 기한 설정 상자에 넣는다.

비용을 계산하는 정도라면 바로 결정할 수 있다. 하지만 정보를 모으다 보면 타이밍을 놓치는 경우가 많다. 물론 시간을 들여 고민하는 것도 장점이 있지만 지나치게 시간을 들이면 기회를 놓칠 가능성이 커진다. 지나친 고민은 선택의 기회를 빼앗는다. 그러니 기한을 확실하게 정하고 결정을 내리는 습관을 들이자.

하나의 작은 결단을 내린다

업무에서 중요한 결정이 필요할 때는 위험성이 낮은 실험을 먼저 해 보기 바란다. 공장에서는 제품을 만들기 전에 항상 시제품을 만들어 배포하고, 소비자의 반응을 확인한다. 책도 인쇄 전에 견본을 만들어 확인하여 치명적인 실수를 방지한다. 이렇게 중대한 결정을 내리기 전에 하나의 확인 단계를 거쳐서 부담을 줄인다. 의사결정을 위한 용기의 장벽을 한 단계 낮추는 것이다.

누군가는 애써 시도했는데 이제 되돌릴 수 없는 거 아니냐며 걱정할지도 모른다. 아니다. 시제품 단계, 즉 되돌릴 수 있는 단계이기에 시험해 볼 수 있는 것이다. 만일 시도해 보고 중단해야겠다는 결정을 내린다면, 그것도 하나의 의사결정이다. 결정을 실행하자. 용기는 자연스럽게 따라올 것이다.

애초에 의사결정을
하기 위해 일한다

의사결정 능력은 비즈니스를 하는 모든 사람의 중요한 요소 중 하나다. 완벽한 의사결정을 익히고 실천한다면 빠르게 경력을 쌓을 수 있다. 물론 이 책은 어디까지나 방법론을 제공할 뿐, 실제 의사결정의 과정은 당신이 구축해야 한다. 의사결정에는 감이 필요하다. 그 감을 갈고닦는 방법을 나누고자 한다.

경험이 직관을 만든다

이미 많은 의사결정을 해 본 사람이라면 과거 자신의 선택을 되돌아보는 시간을 갖길 바란다. 그중 얼마나 성공했는가? 아마 예상대로 성공한 경우는 절반 이하일 것이다. 어쩌면 의외의 변수나 생각지도 못했던 운이 작용했을 수도 있다. 해 보지 않으면 모른다는 사실은 되돌아봄을 통해 깨달을 수 있다.

그렇다면 무조건 하는 것이 나은 것일까? 도전과 신중함의 경계는 당신의 경험을 통해 배울 수 있다. 경험이 쌓이면 직관적인 판단 능력이 생긴다. 이를 발견법heuristic, 휴리스틱이라고 한다. 반복적인 경험으로 쌓인 직관으로 빠르게 결정하는 것이다.

경험으로 쌓은 직관만 믿으면 될까? 우리는 무수한 편견 속에서 살아간다. 그러니 편견과 반대 의견을 수용하며 감을 단련해야 한다. 또한 이를 통해 얻은 결과를 확실하게 인정하고 받아들여야 한다. 실패해도 배움이 남는다. 좋은 판단이라 생각했지만 실패할 때도 있다. 최선을 다했지만 질 때도 있다. 절망할 필요는 없다. 그다음에도 최선을 선택하자.

네 가지 매트릭스

의사결정을 하다 보면 우리는 두 가지 측면에서 자신의 모습을 깨닫게 된다.

"제대로 된 정보를 바탕으로 좋은 판단을 했다."

"정보를 얻는 것이 귀찮아 적당히 나쁜 판단을 했다."

어떤 과정을 통해 결과를 얻었는지는 자신이 가장 정확하게 안다.

요약하면 다음 네 가지로 구분할 수 있다.

① 좋은 판단으로 좋은 결과가 나온다.
② 좋은 판단으로 나쁜 결과가 나온다.
③ 나쁜 판단으로 좋은 결과가 나온다.
④ 나쁜 판단으로 나쁜 결과가 나온다.

①과 ③을 비교해 보자. 둘 다 좋은 결과가 나왔으니 같은 것일까? 결과는 당연히 중요하다. 그러나 좋은 결과가 나왔다는 사실을 과대평가해서는 안 된다. 운 좋게 얻은 결과를 자신의 실력으로 착각하는 것은 매우 위험하다. 마치 시험에서 답을 찍어 맞춘 것과 같다. 이대로 넘어가면 다음에 같은 문제가 나왔을 때 맞출 수 있다고 장담하는가?

결국 우리가 조절할 수 있는 것은 판단뿐이다. 항상 좋은 판단을 내리겠다는 자세를 유지하자. 이것이 완벽한 의사결정의 또 다른 핵심이다. 그리고 나쁜 결과가 나왔다고 해서 소극적으로 굴 필요는 없다. 용기를 떠올리자. 그리고 용기 있게 다시 결정하자.

4장의 실천:
불확실성과 마주하기

분명 이론은 위대하며 그대로 실행하면 반드시 성과를 얻을
수 있다. 하지만 한계가 있고 위험을 감수해야 하는 영역이 있
다. 의사결정은 이론으로 접근할 수 있지만 마지막에는 반드
시 용기를 내야 하는 순간이 온다. 예를 들어, 조직에서 영업
부문과 마케팅 부문을 분리하는 의사결정을 내린다고 하자.
기존에는 한 팀에서 업무를 담당해 왔지만, 조직이 커지고 안
정적으로 수주를 받는 상황에서 부문을 분리한다는 의사결정
을 내리려고 한다.

"부문 간 긴밀한 소통이 어려워집니다."

"영업과 마케팅 업무 모두 경험하고 싶습니다."

현장에서는 이런 의견이 나올 가능성이 있다. 게다가 부문을 분리한다고 해서 100퍼센트 성공한다는 보장도 없다. 불확실한 상황이다. 이때 리더는 명확한 방향을 제시해야 한다.

"새로운 일을 수주하기 위해 부문을 분리합니다. 다음 분기 신규 수주 목표는 현재 대비 50퍼센트 높이려고 합니다."

이처럼 의사결정의 목적과 목표를 명확하게 알리고 책임을 지는 것이 리더의 역할이다.

어느 조직이든 터닝 포인트의 순간이 있다. 첫 단계에서는 터닝 포인트 여부를 알 수 없다. 시간이 지나야만 비로소 알 수 있다. 성공한다면 그 결정을 터닝 포인트로 삼고, 실패한다면 다음 기회에 다시 활용할 수 있도록 개선하면 된다.

한 팀에서 모든 구성원이 같은 책임과 권한을 갖는다고 하자. 하지만 개개인의 성과는 모두 다르다.

- 실적이 좋은 사람에게 더 큰 책임과 권한을 주면, 팀 전체의 효율이 향상될 것이다.

이런 가설을 세운다면 어떨까? 일부 팀원은 불만을 이야기할 것이다. 하지만 조직은 의사결정을 존중해야 하고, 결단을 내렸다면 진행해야 한다.

누구나 자신이 경험한 것만 이야기할 수 있으며 설득력도 거기서 나온다. 의사결정 마지막 순간에 감에 의지하는 것도 좋다. 감에 의지하는 것 자체는 문제가 되지 않는다. 확실하게 "이건 제 감입니다"라고 이야기하자. 모호하게 표현하지 않도록 한다.

의사결정은 타이밍이 중요하다. 환경과 안건이 바뀌면 판단 역시 달라진다. 과거에 아니라고 말했다고 해서, 그 결정이 평생 가는 것은 아니다. 생각이 바뀌었음을 당당하게 알리자. 이런 유연함이 있어야 완벽한 의사결정에 더 가까워질 수 있다. 단, 자신만의 일관성은 꼭 유지해야 함을 잊지 말자.

의사결정에서 중요한 것은 '얼마나 많은 사람이 내 의견에 찬성하는가'가 아니다. 모든 사람의 동의를 얻는 것 또한 불가능하다. 사람들 대부분은 상황을 보고 취할 태도를 결정한다. 처음에는 반대하던 사람도 일이 성공하면 잘 될 줄 알았다며 기뻐한다. 일이 잘되면 평가는 쉽게 바뀐다. 의견에 반대하던 사람이 "역시 잘 될 줄 알았어"라고 말하게 만들자. 의사결정을 통해 결과를 만들어 내는 사람이 조직의 핵심이 된다.

마지막 장

결정하지 않는 사람의 마지막 모습

현대 사회에서 우리가 접하는 정보량은 헤이안 시대(794년~1185년) 전체,
에도 시대(1603년~1868년)의 1년 치라고 한다.
이 흐름은 이제 멈출 수 없다.
'검토하겠습니다'라고 말하며 멈춰 서 있을 때가 아니다.
노이즈를 상대할 것이 아니라 의사결정을 하고 앞으로 나아가야 한다.
그 순간이 당신을 성장으로 이끈다.

누군가에게 결정을
부탁하는 인생

우리가 어린아이일 때는, 부모에게 모든 결정을 맡겼다.

"무엇을 먹을까?"

"어떤 옷을 입을까?"

"어디에 살까?"

혹은 선생님이나 친구가 말하는 대로 결정하기도 했다.

"진학할 것인가, 취업할 것인가?"

"문과로 갈까? 아니면 이과를 선택할까?"

"국공립 학교와 사립 학교 중 어디로 갈까?"

"부모님과 살 것인가? 아니면 독립할 것인가?"

왜 그런 결정을 내렸냐는 질문을 받으면 **'다들 그러니까, 나**

도 그냥'이라고 말할 수밖에 없다. 주체적으로 선택하는 삶이 아닌 타성에 젖은, 그런 삶을 살아왔는지도 모른다. 타성에 젖었던 나의 이야기로 이 책을 마무리하려고 한다.

어쩌다 대기업

나의 취업 준비는 다른 사람들과 비슷했다. 대학에 입학해 럭비부 활동을 했고 친구들과 함께 대기업 위주로 취업 준비를 했다. 졸업 후 누구나 아는 대기업에 합격했고, 부모님도 친구들도 모두 기뻐했다. 입사 후 3년 차까지는 아주 순조로웠다. 그러다 4년 차가 되었을 때, 문득 이런 생각이 들었다.

"지금 이대로 안주하는 게 맞는 걸까? 아니, 이대로는 안 돼!"

난 그렇게 회사를 그만둘 결심을 했다. 안정된 직장 대신 더욱 빠르게 성장할 수 있는 일을 선택하기로 했다. 물론 주변에서는 모두 반대했다.

"힘들게 들어간 대기업인데 아깝게!"

"적어도 서른 살까지는 다녀 보는 게 어때?"

그렇게 말하는 사람들의 마음도 이해한다. 나도 친구에게 그만둔다는 이야기를 들으면 똑같이 반대했을지도 모른다. 하지만 **나는 주변 의견에 휘둘리지 않고 내 의지대로 결정했다.** 이

것이 내가 사회인이 되고 나서 처음으로 확실하게 내 의사를 갖고 결정을 내린 순간이었다.

스스로 결정한 힘

두 번째 회사는 대기업은 아니었지만, 실적에 따라 초고속으로 승진할 수 있는 곳이었다. 덕분에 서른 살 전에 사내 서열 3위까지 올랐다. 젊은 나이에 경영자 가까이에서 일하면서 중요한 경험을 쌓을 수 있었다. 그런데도 여전히 무언가 채워지지 않는 기분이 들었다. **역시 대표가 아니면 결정할 수 없는 부분이 있다**는 것을 깨달았다. 더 큰 책임을 지고 큰일을 하고 싶다는 생각이 들었다. 그렇게 독립해 주식회사 식학을 세웠다.

되돌아보면 대학 입학과 동아리 선택은 모두 직접 결정한 것이었다. **그래서 후회가 없다.** 그렇다고 잘한 선택이었냐고 하면 꼭 그렇지만은 않다. 럭비부에서는 주전이 아닌 후보 선수였다. 일종의 실패라고 할 수 있다. 하지만 스스로 결정했기 때문에 반성하고 수정할 수 있었다. 만년 후보 선수로 있으며 깨달은 것은 **스스로 노력의 한계를 결정해 버렸다는 사실이었다.** 더는 못 하겠다는 벽을 스스로 만든 것이다. 이때의 깨달음이 나를 성장시킨 힘이 되었다.

변화 의지를 갖자

이렇게 말하면 회사를 그만두고 독립하기를 권하는 것처럼 들릴지도 모른다. 그렇지 않다. 지금 회사를 그만두는 것만이 정답은 아니다. 당연히 '남는다'라는 의사결정을 해도 좋다. **다만 다른 사람에게 결정을 맡겨서는 안 된다.**

"지금 하는 일은 내가 선택한 것이니 더 좋은 성과를 내고 싶다."

"지금 다니는 회사는 내가 선택한 곳이니 더 중요한 일을 맡고 싶다."

이것을 항상 마음속에 새기면 현재 있는 곳에서 자신의 인생을 살 수 있다.

식학에서는 **변화 의지**라는 말을 사용한다. 말 그대로 바꾸고자 하는 의지다. **'이대로는 안 돼'라고 깨닫는 것**이다. 이런 생각을 하기만 해도 당신은 진보한다. 애초에 이 변화 의지가 없으면 어떤 경험을 해도 배움으로 바뀌지 않는다. 변화 의지를 갖는 것만으로도 충분하다. 바로 거기에서 자신의 인생이 시작된다.

안전지대는 없다

반대로 무엇이든 제삼자에게 결정을 맡기는 결단도 있다. 다만 착각해서는 안 된다. **결정하지 않는다고 해서 모든 책임에서 벗어날 수 있는 건 아니다.** 안전지대 따위는 없다. 다른 사람이 결정한 일을 따르는 대신, 그 입장에서 완수해야만 하는 책임이 생긴다. 권한 없이 누군가의 지시를 계속 따라야 하는 책임이다. 그게 싫다면 변화 의지를 가지자. 아무리 사소한 일이라도 결정을 내리면 목표가 생긴다. 목표에 도착하기 위해 방향을 정하고 그곳을 향해 나아가다 보면 부족함이 드러나게 된다. 가령 결과적으로 목표를 달성하지 못하더라도 괜찮다. 부족한 부분을 받아들이기만 해도 이미 성장은 시작된 것이다. **의사를 가진 시점에서 이미 당신은 이겼다.**

언제든 후회하지 않는
선택을 할 수밖에 없다

'후회'에는 두 가지가 있다. '하고 후회하는 것'과 '하지 않은 후회를 하는 것'이다. 죽기 전 사람들이 가장 많이 하는 후회는 후자인 '하지 않은 후회'이다. 만약 완벽한 의사결정을 이해하지 못하면 '대충 선택'하는 인생을 살게 된다. 그 결과 '하지 않은 후회'가 남게 되고, 결국 인생 최대의 후회로 남는다. 감정대로 살면 반드시 '하지 않은 후회'를 하게 된다. 이때 우리에게 필요한 것은 '변화 의지'이다.

하고 후회하는 것

'하고 후회하는 것'에도 두 가지 패턴이 있다.

202

- 하고 싶은 일을 한 후회
- 하고 싶지 않았던 일을 한 후회

그런데 하고 싶은 일을 하고 나서 한 후회로 생각나는 것들이 있을까? 이론적으로 그런 일은 존재하지 않는다. 반면 '하고 싶지 않았던 일을 한 후회'라면 얼마든지 있다. 그것은 **'아니오'라고 말하지 못했던 후회다.**

"거절하지 못해서 초대에 갔어. 시간이 아까웠어."

"분위기에 졌어. 그때 말했으면 실패하지 않았을 텐데."

"아무 말도 하지 못하고 시간만 지나갔어. 그래서 기분이 좋지 않아."

거절해야 할 때는 확실하게 '아니오'라고 말해야 한다. 앞에서 이야기했던 '그냥 대기업으로 괜찮은가?', '아무 생각 없이 경영자가 말하는 대로 하면 되는 걸까?'라는 질문에 내가 '아니오'라고 대답했던 것처럼 말이다. 그렇게 하지 못하면 후회가 반드시 따라온다. **아닐 때는 '아니오'라고 말할 수 있는 용기가 필요하다.**

결단이 미래를 만든다

후회를 없애는 일이 과연 가능할까? 시험 삼아 10대 시절의 판단을 되돌아보자. 분명 '그때는 이상했어'라며 웃어넘길 것이다. 지금의 당신에게는 어른의 시점이 있다. 당시에는 중요하다고 생각했던 것도 지금은 어느 쪽이든 상관없다고 생각한다. **시간이 흐르면 감정보다 이성이 앞선다.** 그렇다면 앞으로의 의사결정은 어떻게 내려야 할까? 미래의 자신을 위해서라도 의사결정은 가능한 한 미래 시점에서 내려야 한다. 물론 어렵겠지만 먼 훗날의 자신이 후회하지 않도록 약간의 용기를 내야 한다. **한번 용기를 내면 마치 시스템처럼 필요할 때 다시 용기를 낼 수 있다.**

작은 결단의 연속이 개인과 조직을 바꾼다. 한 방의 역전은 빠르게 일어나지 않고 값비싼 쇼핑에서 얻은 만족감은 금세 사라진다. 작은 것에 만족하며 지속적으로 성장해야 한다. 동시에 **오늘 하루의 의사결정을 소중하게 여기는 것으로 시작해야 한다.** 그 결단이 성장하는 미래를 만든다.

가능성에는 한계가 없다

우리는 살면서 수많은 '**상충 관계**Trade off, 양립할 수 없는 관계' 상황을 만난다. 상충 관계란 선택지 중에서 하나를 선택했을 때 다른 선택지를 버려야 하는 상황이다. 예를 들어, 결혼 상대 한 명을 정하거나 여러 회사에서 합격 소식을 받았어도 한 곳만 선택하는 상황이다.

인생에는 상충 관계인 상황이 여러 번 찾아온다. 이 상황에서 선택한 것을 나중에 후회해도 의미가 없다. 선택이 쌓이고 쌓여 지금의 내가 있는 것이다. "그때 다른 선택을 했으면 좋았을 거"라고 생각하는 건 본질적으로 아무런 의미가 없다. 과거를 곱씹고 후회하는 것보다 지금 주어진 환경에서 미래를 생각하는 것이 중요하다. 이렇게 생각을 전환할 때, 비로소 **완벽한 의사결정**이 가능해진다.

별다른 생각 없이 하는
결정을 하나씩 줄이기

현대 사회의 답답한 모습은 별다른 생각 없이 한 선택들의 결과다. 분위기에 휩쓸려 결정한 것이다. 그로 인해 사람들은 선택하고 결정할 때 분위기에 맞춰 반응할 수밖에 없다. 소셜 미디어를 보고 주변의 반응을 살피고, **'그냥 이렇게 할래'라고 반응할 뿐이다.** 결국 분위기에 따라 결정했다며 책임을 회피하는 것처럼 보인다.

《완벽한 선택은 없다》라는 제목에 이끌려 이 책을 읽었다면, 그리고 결정의 중요성을 깨달았다면, 이미 훌륭한 **변화 의지**를 가졌다고 할 수 있다.

아무리 주변 분위기에 맞춘다 해도 다른 사람이 결정에 대한 책임을 져주지 않는다. 내가 그랬다. 분위기에 맞춰 어쩌다 대기업을 선택했지만, 이후의 성장을 기대할 수 없었다. 하지만 **의사를 가지면 살아가는 의미를 찾을 수 있다.** 거기에서 자신만의 일관성을 갖게 된다. '내가 이 일을 왜 하고 있는가?'라는 질문에서 의미를 찾을 수 있기 때문이다. **이렇게 인생의 목표가 정해진다.** 그것을 발견하는 첫걸음이 오늘, 앞으로의 행동에 대한 **의사결정에서 시작한다.** 주변 분위기에 휩쓸려, 별다른 고민이나 생각 없이 행동하고 결정하는 것을 줄이자. 수정은 나중에 얼마든지 할 수 있다. 우선 결정하는 것부터, 그것부터 시작하자.

결정하는 사람이
모든 것을 손에 넣는다

"5번 싸워서 4번 이긴 사람과 100번 싸워서 60번 이긴 사람 중 어느 쪽이 더 우수한 비즈니스맨일까?"

　이는 《수치화의 귀신》의 한 문장으로 **확률보다 행동량이 중요하다는** 것을 강조한다. 의사결정에서 중요한 것은 속도다. 보통 사람들은 천천히 생각하는 것을 일을 하고 있는 것으로 생각하는 경향이 있다. 하지만 그러는 사이에 경쟁자에게 추월당하고 만다.

　정보는 한정되어 있고 시간도 촉박하다. 중요한 것은 '지금 가지고 있는 정보로 어떻게 결정한 것인지'이다. 정보를 모으고, 모든 데이터를 정리한 다음 결정해서는 이미 늦는다. 그리고 불확실성을 완전히 제거한 100퍼센트 상태에서만 판단할 수 있다면, 그것은 인공지능에 맡겨야 할 일이다. 우리는 속도를 중시하고, 불확실성 속에서 마지막의 마지막에는 '감'에 의지해야 한다. 용기를 내는 것, 이것이 **인간이 할 수 있는 마지막**

일이지 않을까?

비즈니스는 흥미롭고 재미있는 세계다. **단 한 번의 결단으로 모든 것이 결정되는 것이 아니기** 때문이다. 수없이 실패해도 몇 번이고 다시 결단할 수 있다. 천천히 5번 싸우는 대신 빠르게 100번을 싸워서 마지막에 이기면, 충분한 이익을 얻을 수 있다. 비즈니스는 공정한 세계다. 싸우지 않는 것이 아까운, 위험을 지나치게 두려워하는 것이 위험한 세계다.

머리가 좋다고 해서 항상 비즈니스에 성공하는 것은 아니다. 감정에 흔들리지 않는 사람이 이긴다. 즉 **누구에게나 기회가 있다.** 부디 의사결정의 기술을 몸에 익혀 행동으로 옮기길 바란다.

이 책을 읽는 20대 젊은 독자들에게 바란다. 아직 사회 초년생이라면 윗사람의 결정을 이해하지 못할 때도 있을 것이다. 조직에 불만이 생겨서 그만두고 싶을지도 모른다. 우선 사람과 조직을 움직이기 전에, 스스로 바뀔 수 있는 부분을 찾아

보길 바란다. 앞서 말했듯, 당신에게는 **현장에서 윗선에 정보를
제공**할 수 있는 권한이 있고, 기회는 누구에게나 평등하게 주
어져 있다. 하지만 마지막에는 의사결정권자에 결정권을 넘겨
야 한다. 그 벽을 뛰어넘기 위해서는 빠르게 결과를 내고, 자
신이 책임을 지는 위치에 가야 한다.

30대 이상이라면 관리직이나 매니저, 팀의 리더를 맡고 있
는 독자도 많을 것이다. **당신의 평가자는 밖에 있다**는 것을 잊
지 말자. 팀 내에서 인기를 끌거나 호감을 얻는 것에 매몰되어
상사의 평가나 매출 등 외부의 평가를 대수롭지 않게 여기면
안 된다. 나 또한 전 직장에서 팀 내의 평가를 지나치게 의식한
나머지 팀원들의 노이즈에 휘둘렸다. 그런데 그것을 무시하고
사실과 마주했을 때, 조직이 잘 운영된다는 것을 깨달았다. **중
간 관리직이 튼튼해지면 조직 전체가 잘 돌아가기 시작한다.**

"특정 업무를 개인에게 의존하는 것은 마약이다."

《어쨌든 구조화》에서 가장 인상적이라는 평가를 받은 문장
이다. 조직이 기능하기 위해서는 개인에게 의존할 것이 아니

라 톱니바퀴처럼 맞물려 잘 돌아가야 한다는 의미다. 젊을 때는 조직의 규칙에 반발하고 싶어진다. 나처럼 그런 불만을 에너지로 전환해 창업하는 사람도 있을 것이다. 하지만 사업이 잘되면 직원을 고용해 조직을 키워야 할 순간이 다가온다. 그때, 고용한 직원이 당신에게 반발한다면 **'그때 내가 이런 모습이었을까?'**라며 젊은 날 조직과 규칙에 반발했던 자신의 모습을 반성하게 될 것이다. 동시에 지시받은 대로 충실하게 열심히 임하는 조직의 고마움을 충분히 이해하게 된다.

개인은 약하다. 하지만 한 사람 한 사람이 모여 **조직이 되면 큰 힘을 발휘한다.** 비즈니스에서 특출난 능력은 중요하지 않다. 지금까지의 습관에 얽매이지 말고 빠르게 결정하고 판단해야 한다. 나 역시 수없이 많은 실패를 경험했고 포기한 사업도 많다. 다만 의사결정에 많은 시간을 들이지 않았고, 불확실성을 선택했기 때문에 지금의 자리를 얻을 수 있었던 것만은 틀림없다. 부디 당신도 의사결정의 기술을 배워 그 위력을 실감하길 바란다.

이 책은 식학 시리즈 3부작의 새로운 시작이다. 실무자는 《수치화의 귀신》을, 매니저 1년 차는 《리더의 가면》을, 더욱 높은 위치를 목표로 한다면 《어쨌든 구조화》를 추천한다. 여기서 이 세 권의 키워드를 다시 한번 소개하겠다.

일 잘하는 실무자가 된다 (《수치화의 귀신》의 키워드)

① 행동량 : 자신이 한 행동의 횟수를 정확하게 계산한다.

② 확률* : 나눗셈에 의한 안도감을 경계한다.

③ 변수 : 어떤 일에 집중해야 하는지 생각한다.

④ 진짜 변수 : 쓸모없는 변수를 지우고 중요한 변수에 집중한다.

⑤ 기간 : 일을 단기와 장기, 두 축으로 생각한다.

매니저의 사고방식으로 생각한다 (《리더의 가면》의 키워드)

① 규칙 : 자리의 분위기에 영향 받지 않는, 명확한 언어로 구성된 규칙을 만든다.

② 위치 : 대등한 관계가 아닌 상하 관계에서 소통한다.

③ 이익 : 인간적인 매력보다 이익이 되는가, 그렇지 않은가로 사람을 움직인다.

④ 결과 : 과정을 평가하는 것이 아니라 결과만 본다.

⑤ 성장 : 눈앞의 성과가 아닌 미래의 성장을 선택한다.

사람들 위에 선다 (《어쨌든 구조화》의 키워드)

① 책임과 권한 : 결정한 내용은 지킨다.

② 위기감 : 확실한 공포를 계속 자극한다.

③ 비교와 평등 : 남과 정확하게 비교할 수 있는 환경을 조성한다.

④ 기업 이념 : 자신이 향하는 곳으로 망설이지 않고 간다.

⑤ 진행감 : 다른 사람과 함께 큰일을 해낸다.

확률의 의미
사람에 따라 오랫동안 일을 할수록 양보다 질을 따지는 경우가 있다. 하지만 그런 상태를 지속하면 점점 행동량이 줄어든다.

- 사원 A : 계약 성공률 80퍼센트(상담 10건 중 8건 성립)
- 사원 B : 계약 성공률 50퍼센트(상담 50건 중 25건 성립)

이 경우, 좋게 평가해야 하는 사원은 확률이 높은 사원 A가 아니라 행동량이 많은 사원 B다. 사원 A는 '실패하면 성공률이 떨어질 거야'라는 심리가 작용해 행동량이 줄어든 것이다. 이처럼 확률을 볼 때는 분모(상담 건수)를 보고 행동량을 확인하는 것이 중요하다.

이것이 당신이 조직에서 일하면서 몸에 익히길 바라는 키워드다.

아무리 시대가 바뀌어도 '**결과를 내는 것**', '**사람을 관리하는 것**', '**조직을 성장시키는 것**', 이 세 가지 원칙은 바뀌지 않는다. 이 대전제를 바탕으로 지금 당신에게 필요한 '비즈니스 마인드'를 정리한 것이 바로 이 책이다. 이 책을 통해 의사결정 능력을 갖추길 바란다.

가장 전하고 싶었던 '변화 의지'에 대해 이야기하며 글을 마치고자 한다. '이대로는 안 돼'라고 생각한 순간, 그 순간에 당신의 성장 가능성이 열린다. '그래, 바꿔자!'라고 결정하는 것. 그것이면 충분하다. 손해 볼 일은 아무것도 없다. 특별한 능력도 필요하지 않다. 엑셀도, 통계학도, MBA도 필요 없다. 그저 결정하기. 그리고 결정하기 위한 사고방식을 가지고 있는가, 없는가가 중요하다. 그다음은 자신의 인생을 살아가면 된다.

당신을 응원하며, 이 세상에 수많은 용기 있는 결단이 탄생하기를 진심으로 바란다.

안도 고다이

심플리어 004

완벽한 선택은 없다

1판 1쇄 인쇄 2025년 4월 25일
1판 1쇄 발행 2025년 5월 14일

지은이 안도 고다이
옮긴이 김은혜
펴낸이 김영곤
펴낸곳 (주)북이십일 21세기북스

TF팀 팀장 김종민
기획편집 한이슬 **마케팅** 이민재 정성은
편집 신대리라 **디자인** design S
영업팀 한충희 장철용 강경남 황성진 김도연
제작팀 이영민 권경민
해외기획팀 최연순 소은선 홍희정

출판등록 2000년 5월 6일 제406-2003-061호
주소 (10881) 경기도 파주시 회동길 201(문발동)
대표전화 031-955-2100 **팩스** 031-955-2151 **이메일** book21@book21.co.kr

ⓒ 안도 고다이, 2025

ISBN 979-11-7357-270-8 (03320)

(주)북이십일 경계를 허무는 콘텐츠 리더

21세기북스 채널에서 도서 정보와 다양한 영상자료, 이벤트를 만나세요!
페이스북 facebook.com/21cbooks **포스트** post.naver.com/21c_editors
인스타그램 instagram.com/jiinpill21 **홈페이지** www.book21.com
유튜브 youtube.com/book21pub

더 쉽게, 더 깊게

심플리어 시리즈는 콘셉트만으로 단순명료한 비전과 프레임을 제시합니다. 자기계발, 비즈니스, 학습법 등 실질적이고 직관적인 해결책을 제공하여 본질에 집중할 수 있도록 돕는 실용적인 책들입니다.

Simpleer

001 《80:20 학습법》

최소한의 노력과 시간으로 최대 효과를 내는 학습법

피터 홀린스 지음 | 김정혜 옮김
208쪽 | 19,800원

002 《한 페이지 표의 힘》

누락 없이, 중복 없이 모든 일을 정리하는 도구

이케다 마사토 지음 | 김은혜 옮김
240쪽 | 19,800원

003 《삶의 무기가 되는 회계 인문》

초심자가 읽어도 술술 읽히는 회계 책

가네코 도모아키 지음 | 김지낭 옮김
360쪽 | 26,000원

004 《완벽한 선택은 없다》

누구에게나 필요한 의사결정 가이드

안도 고다이 지음 | 김은혜 옮김
216쪽 | 20,000원

경기에 상관없이 지속가능성을 높이는 생존법

본질은 변하지 않는다

기업분석 전문가 오태헌 교수가 찾아낸 일본 강소기업들의 회복탄력적 경영 전략

오태헌 지음 | 값 19,800원 | 260쪽

원치 않는 집중을 끊어내는 몰입 혁명

집중력의 배신

중독의 덫을 빠져나와 몰입의 세계로 나아갈 자기혁명 심리학

한덕현 지음 | 값 17,000원 | 240쪽